JN022393

Q&A 中小企業の 電子取引 サポートブック ［インボイス対応版］

税理士・公認会計士
佐久間裕幸 ［著］

ぎょうせい

はしがき

　令和3年度税制改正で電子帳簿保存法が改正され、保存要件が圧倒的に緩和されました。DX（デジタルトランスフォーメーション）の推進が叫ばれ、また、新型コロナウイルス感染症でテレワークが求められるという時代に即した改正でした。しかし、電子取引の取引情報に係る電磁的記録の保存の義務については、書面での出力で電磁的記録の保存に代えるという措置が消えたことが大問題として取り上げられ、令和3年度末に宥恕措置をおくことが打ち出されました。2年間の宥恕期間もすでに半分が過ぎようとしています。そして、国税庁の一問一答も令和4年6月に更新されています。

　私は、令和3年12月に『国税庁Q&A対応　中小企業の電子帳簿サポートブック』という著書を株式会社ぎょうせいより出版しておりますが、この書籍の後の宥恕措置や一問一答の更新の内容が取り込めていないことになりました。しかし、同書は、令和3年の抜本改正を受けて、電子帳簿保存法についてしっかりとした解説をしたいという意図により300ページ超の書籍となっています。できるだけ法律や施行規則の条文の引用をすることで電子帳簿保存法を深く理解することができるように配慮しています。その反面、てっとり早く電子帳簿保存法への対応策を理解したいという人には少し敷居が高い本に見えたかもしれません。

　そこで、新たにQ&A形式による読みやすい本書を上梓させていただくことを企画しました。それにより宥恕措置と一問一答の更新を取り込んだ使いやすい本になっています。また、前著の方も増刷の際に一問一答の更新による問の番号の更新は取り込む改訂をしていますので、条文に遡った理解をしたい場合には、前著も一緒に手に取っていただけるようになっています。

　本書の企画、執筆の過程では、米奥様をはじめとする株式会社ぎょうせいの皆様のご協力をいただきました。校正の過程では、事務所在籍の公認会計士・税理士の吉田健太郎先生にゲラを検討してもらいました。

感謝したいと思います。また、前著の出版以降、電子帳簿保存法に関する研修会の講師をさせていただき、実務の現場の税理士の先生方からの質問などもたくさんいただきました。そうした声も本書のＱ＆Ａの設定に生かされていますので、積極的にご質問をお寄せいただいた先生方にも感謝する次第です。

　本書が会社の中でDXを担当して、会社の生産性向上に尽力している経理やシステム部門の方に活用していただければ幸いです。また、そうした企業を顧問先として支援している税理士・公認会計士の先生方やコンサルティングなどで関与する方々にも使っていただければと祈念しております。

令和4年10月　　　　　　　　　　　　　　　　　　　　佐久間　裕幸

Contents

section Ⅲ 電子取引の保存と宥恕期間

◆ 凡 例 ◆

　本書では、電子帳簿保存法に関する法令や国税庁等の文書について、次のように省略して表記しています。

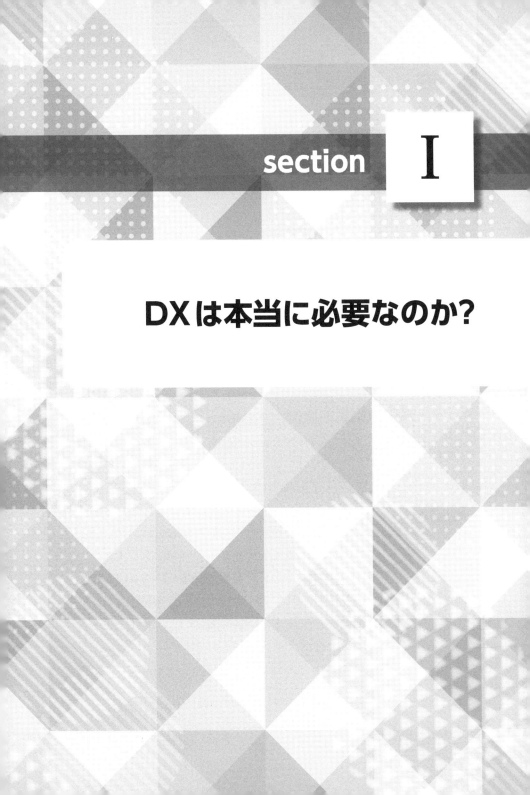

section I

DXは本当に必要なのか?

1　DXは、コロナ対応のテレワークのために必要なのですか

　テレワークとは、「tele＝離れた所」と「work＝働く」をあわせた造語で、情報通信技術（ICT＝Information and Communication Technology）を利用して、オフィスから離れ、場所や時間にとらわれない仕事をすることだと言われています。テレワークは、2020年初春からの新型コロナ感染症の急拡大に伴って、三密を避ける、人流の抑制をするといった目的で急に注目され、要請されて、多くの会社員がテレワークを開始したという経緯があります。しかし、テレワークは、そもそも2020年夏に予定されていた東京オリンピック・パラリンピックの期間中の交通混雑の解消につながることを意図して、東京大会の開会式にあたる7月24日を「テレワーク・デイ」と位置づけて、テレワークの一斉実施を呼び掛けていた経緯があります※1。

　このように考えると、突然発生した新型コロナ感染症の感染防止のため、あるいは東京オリンピックのような行事のために一般企業や労働者が働き方を変えさせられるという「他律的」、「やらされるイベント」というイメージを持つ方もいるかもしれません。

　しかし、テレワークは必ずしもこの1～2年の話ではありません。たとえば2013年6月14日に策定された「世界最先端 IT 国家創造宣言」（内閣に設置された高度情報通信ネットワーク社会推進戦略本部）でも「テレワークを社会全体へと波及させる取組を進め、労働者のワーク・ライフ・バランスと地域の活性化を実現する。」（P.16）といった記述が

※1　たとえば、東京労働局のWebページでの案内など
　　　https://jsite.mhlw.go.jp/tokyo-roudoukyoku/news_topics/kyoku_oshirase/_120743/_122075_00001.html

されています。この時点では、「2020年にはテレワーク導入企業を2012年度比で3倍、週1日以上終日在宅で就業する雇用型在宅型テレワーカー数を全労働者数の10％以上に」するといった目標が掲げられていました。

　ここでは、オリンピックなどのための人流抑制でもなく、国家のIT化への協力をさせるのでもなく、あくまでテレワークが普及することで労働者のワーク・ライフ・バランスが実現し、さらに都会に縛られない働き方ができることで地域の活性化が実現することが主眼とされていることがわかります。

　テレワークは、コロナ対応のために無理強いされるようなものではないのです。

Point
まとめ

テレワークは、労働者のワーク・ライフ・バランスと地域の活性化を実現することを目的としており、テレワークを推進した企業にもメリットがもたらされることを意図して普及が促されたといえます。

2 テレワークの類型と本当の目的について教えてください

　テレワークは働く場所によって、在宅勤務（自宅利用型テレワーク）、モバイルワーク、サテライトオフィス勤務（施設利用型テレワーク）の3つに分けられます[2]。

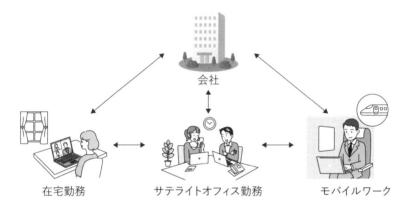

会社

在宅勤務　　　サテライトオフィス勤務　　　モバイルワーク

(1) 在宅勤務

　所属するオフィスに出勤せず、自宅を就業場所とする働き方です。通勤負担が軽減されることに加え、通勤に使っていた時間を有効に活用することができます。

(2) モバイルワーク

　移動中（交通機関の車内等）や顧客先、カフェ等も就業場所に含める働き方です。営業等頻繁に外出する業務の場合、さまざまな場所で効率的に隙間時間を活用して業務を行うことにより、生産性の向上が期待できます。

---

[2]　ここでのテレワークの3分類の説明は、総務省「情報システム担当者のためのテレワーク導入手順書」（平成28年3月）P.6以下を利用している。

⑶ サテライトオフィス勤務

　所属する事業所以外の他の事業所や遠隔勤務用の施設を就業場所とする働き方です。たとえば、所属する事業所以外の他の事業所が従業員の自宅の近くにある場合、その事業所内にテレワーク専用の作業スペースを設けます。それにより職住近接の環境を確保することができ、通勤時間も削減することができます。

　テレワークは、企業や従業員にとって以下のようなメリットがあるとされています[3]。

企業にとってのメリット	従業員にとってのメリット
・人材の確保 ・育成 ・業務プロセスの革新 ・事業運営コストの削減 ・非常時の事業継続性の確保 ・企業内外の連携強化による事業競争力の向上 ・人材の離職抑制 ・就労継続 ・企業ブランド ・企業イメージの向上	・ワーク・ライフ・バランスの実現 ・生産性の向上 ・自律 ・自己管理的な働き方 ・職場との連携強化 ・仕事全体の満足度向上と労働意欲の向上

　企業自身にとってのメリットも少なくないことがわかります。非常時の事業継続性の確保は、コロナ禍の現在、実感できるはずです。

Point
まとめ

テレワークの本当の目的は、従業員にとってのワーク・ライフ・バランスの実現等に加えて、企業にとっての生産性向上などの効果が目的だということができます。

※3　厚生労働省「テレワークではじめる働き方改革」(平成31年4月) P.3

3　生産性アップの必要性とは　どういうことでしょうか

　テレワークは、都会に居住していなくても都会の会社の仕事ができる点では地方創生に生かすことができます。また、通勤時間が無くなり、自宅で仕事ができ、仕事をする時間も自由になることから女性活躍にもつながることで、ワーク・ライフ・バランスや少子化対策にもなることが期待され、この5年ほど、政府の重点施策に位置付けられてきました。

　政府と労働者にとって都合がよいだけでは、テレワークは普及しません。実は、企業にとって生産性の向上が期待できることが大きなメリットです。テレワークを導入する目的として労働生産性の向上が期待されています。

◆テレワーク導入の目的（複数回答）

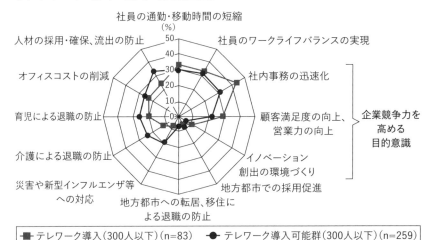

（出典）総務省サイトより　三菱UFJリサーチ＆コンサルティング株式会社「ICT利活用と社会的課題解決に関する調査研究」（平成29年3月）P.64

　このようにテレワークを導入可能な企業では、育児や介護への支援など福利厚生、従業員のワーク・ライフ・バランス向上が目的として強い

のに対し、テレワーク導入済みの企業では、社内事務の迅速化や顧客満足度の向上、営業力の向上といった企業競争力を高めることが目的として強く認識されています。確かに、収益や利益を増やすという攻めの意識でなければ、中小企業の体力ではテレワークという新規の取り組みに踏み出す気にはなれないでしょう。がっちり稼ぐ気でテレワークに臨んでいただきたいと思います。

こうしたメリットを持つテレワークですが、コロナ禍のなかで実施した企業も多い中、メリットを感じられない、むしろ生産性を悪化させているように感じられているように思います。特に経理業務の世界ではテレワークは不可能であるという印象が持たれているように感じられます。これは、経理がテレワークに向いていないからではなく、テレワークに必要な準備作業をすることなく、突然にテレワークを開始したことによるものだと言えましょう。

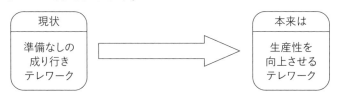

テレワークを導入していない通常の企業の経理業務では、大量の書面の上に情報が記述されており、これら紙の存在抜きには経理業務は1つも進まないはずです。例えば、売上高を計上するには、営業部や営業管理部で作成した請求書（控）が経理部に回ってきて、売上計上作業の証憑になることもあるでしょう。請求書（控）が電子データの形で経理部が見ることのできる社内の販売管理システムや共有フォルダに保管されていれば、自宅からそれらにアクセスできればテレワークで売上伝票の作成をすることができます。しかし、営業部から請求書（控）の束が届けられる状況では、その束が届いたタイミングで、会社にそれを持って帰るためだけに出社する必要があるのです。

経費の計上も毎月初旬に購入先から郵便で請求書が送られてきます。

この請求書と納品書を突き合わせ、支払ってよいかどうかを確認したうえで、振り込みデータを作り、銀行からの振り込み作業の準備をしつつ、経理の伝票も起こすことになります。請求書が郵便で会社に到着する以上、まず、経理に回付されてきた郵便物を開封し、請求書を取り出して、自宅に持って帰る必要があります。さらに集計して、伝票を起票し、その内容を上司にチェックしてもらう必要があります。伝票を上司の自宅に郵送するのか、出社して上司の机に置いてこなければなりません。また、経理と別に資金繰りをしている財務担当がいれば、今月末の支払一覧として財務担当にも資料を回付しなければなりません。

　コロナ禍の中で経理業務のテレワークができなかったのは、経理がテレワークに向かないからではありません。テレワークを実施するには、準備が必要で、経理では書類への対応が必要だったのです。

　テレワークをスタートするには、労務管理・執務環境・情報システムの3つを整備して、さらに対象部署、従業員への教育プロセスが必要だと言われます。

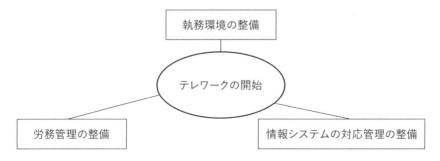

⑴　労務環境の整備

　在宅勤務であっても、9時5時の労働時間に仕事をしてもらうということもできますし、裁量労働制という形にすることもできます。ただし、従来と制度を変えるということになれば、事業場外みなし労働時間制や裁量労働制といった仕組みを就業規則に織り込む必要があります。また、1か月のほとんどをテレワークにする場合、評価制度も従来の仕

組みから変更する必要があるかもしれません。

⑵　執務環境の整備

　自宅というのは、仕事ではなく生活の場であり、作業に適した環境であるとはいえません。そうした場所で仕事をしてもらおうと思えば、プライバシーに配慮しつつ作業環境に関するルールづくりが必要です。作業環境としては、机・椅子、照明設備、空調等を検討する必要があり、会社から机・椅子を支給する場合もあります。

⑶　情報システムの対応

　会社から離れたところで仕事をする以上、ICTすなわち情報通信技術を利用して、会社とつながるDXが必要となります。在宅勤務では、個人契約の通信インフラを活用する場合が多く追加費用が発生しないため、費用負担はしない企業が多いと言われています。しかし、パソコンは必須であり、さらに外部から会社への接続をする上では、一定のセキュリティの確保が必要です。そして、業務に使用するソフトウェアのインストールもしておかなければなりません。

　企業でパソコンや携帯電話を調達して、必要なソフトウェアのインストール、セキュリティの措置をしたうえで、従業員に配布するといったことが行われることになります。

Point
まとめ

DXの活用など、事前の準備をしたうえでテレワークを導入することで、テレワークが無理なく導入でき、生産性向上が実現するのです。

4 そうはいってもテレワークができない職場もありますが

　確かに医療、福祉のように人が人に接する仕事、あるいは工場・建設工事など物が動くところに人がいないといけない仕事など、テレワークができない仕事があるのも事実です。しかし、そうした仕事の会社でも総務や経理部門があります。経理部門のテレワークは検討することができるはずです。そして、少子化という企業環境を考えるとテレワークと生産性向上のためのDXは必須です。

　経理業務と少子化にどういう関係があるのだろうか？という疑問をお持ちの方も多いと思います。この図表を見てみましょう。

●図表1　わが国の人口ピラミッド（2020年）[4]

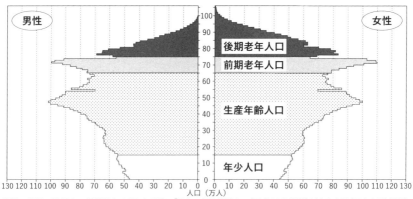

資料：1965〜2015年：国勢調査、2020年以降：「日本の将来推計人口（平成29年推計）」（出生中位（死亡中位）推計）。

　これから新社会人になる世代は、団塊の世代の半分程度です。さらに年少人口を見てみると、さらに減っていくということがわかります。

　今でも建設業など3Kと呼ばれる職場では、人が採用できず、困っているわけですが、今後は、ホワイトカラー、経理のようなデスクワーク

※4　国立社会保障・人口問題研究所「人口ピラミッド画像」（1965 〜 2065年）
　　　http://www.ipss.go.jp/site-ad/TopPageData/PopPyramid2017_J.html

でも採用に苦戦する局面に直面するはずです。そんな時代に向けて、経理業務の生産性アップを図っていくことが望まれます。

　そもそも日本の生産性は、海外に比較して低いと言われています。2020年の労働生産性の比較では、次のようなデータを見ることができます[5]。

●図表2　OECD加盟国の労働生産性[5]（1人当たり）

国名	労働生産性	国名	労働生産性
アイルランド	207,353	イタリア	108,925
ルクセンブルク	158,681	ドイツ	107,908
米国	141,370	アイスランド	104,026
スイス	131,979	カナダ	101,544
ベルギー	126,641	イスラエル	99,839
ノルウェー	126,002	英国	94,763
デンマーク	123,792	スペイン	94,552
フランス	116,613	・・・	
オーストリア	115,489	日本	78,655
オランダ	115,228	・・・	
スウェーデン	112,297	ギリシャ	65,630
フィンランド	111,154	・・・	
オーストラリア	110,804	最下位コロンビア	37,563

＊1　単位：購買力平価換算ＵＳドル
＊2　資料：OECD National Accounts Database、OECD Employment and Labour Market Statistics

※5　公益財団法人日本生産性本部「労働生産性の国際比較」より付表を筆者が要約
　　　https://www.jpc-net.jp/research/assets/pdf/report_2021.pdf

かんばん方式など製造業の生産性については評価されてきた日本ですが、ホワイトカラーの生産性が低いことが労働生産性低迷の理由の1つとされています。当然、経理業務にも生産性向上の余地があると考えられるわけです。

Point
まとめ

将来的な労働人口の減少を考えると、ホワイトカラーの生産性を高めておくことが、採用難のなかで企業が生き残る戦略ですし、結果として日本経済の力を高めることになります。

5 DXといっても具体的には 何をしたらよいのでしょうか

電子化のイメージを明確にするため、ここでは、旅費・経費精算の従来的な業務の流れを旅費・経費精算システムに移行して、スキャナ保存を導入した場合の業務の変化について解説をします。

これまでの旅費・経費精算の流れは、次の通りとします。

イベント	書類	書類の動き
1. 出張の命令	出張命令書	各部署上司→部下
2. 旅費の仮払い申請から出金	出張命令書の下部が仮払申請の様式	各部署→経理
3. 訪問先への手土産の購入	領収書	店舗→出張者
4. 出張旅費の精算	旅費・経費精算書（添付資料として領収書）	出張者→上司→経理
5. 仮払いとの差額の精算	旅費・経費精算書	経理（現金の収受・支払い）
6. 経費の計上	振替伝票	経理担当→上司

　出張命令書など存在しない（「来週、××社への提案に行きます」と口頭で連絡するのみなど）という会社もあるかもしれませんが、一応、大きな流れとしては、どこの会社も少なくとも10年前まではこうだったはずです。しかし、これでは、社外に外出したり、出張したり、経費を使う業務の数の分だけ書類が動き、上司の承認を経ながら経理へと到達してきます。経費を使う人が直行・直帰で書類作成等はテレワークをしようにも、たとえば旅費・経費精算書を作成し、上司に郵送し、上司が承認後、経理に郵送では、コストが掛かって仕方ありません。自宅の郵便受けに大量の郵便物が届くのも大変ですし、社内中に経理担当者の自宅住所を知らせるというのもどんなものでしょうか？　結局、旅費・経費精算をする人は、それを提出するために会社へ出社し、上司は、承認するために出社し、経理もそのチェックと仮払いとの差額を振り込む手続のために出社することになります。そして、旅費・経費精算書の束を持って帰宅して、翌日自宅でテレワークにより経費の計上の伝票起票と入力作業をするだけのテレワークということになるでしょう。

　しかし、今日、テレワークに移行できるシステムが提供されるようになっています。その流れを例示してみます。

イベント	操作	データのやり取り
1．出張の命令	出張命令入力をする	各部署上司→部下のPC・スマホのシステムに到達
2．旅費の仮払い申請から出金	出張命令データから、仮払申請の入力	各担当者→経理に申請が通知。振込データも自動作成
3．訪問先への手土産の購入	領収書	店舗→出張者
3−2．領収書のスマホ撮影	経費精算システムを立ち上げたスマホで領収書を撮影して、保存する	出張者のスマホ→経費精算システムのサーバ

4．出張旅費の精算	経費精算システムで旅費・経費精算入力を行う。領収書は、後日提出。	出張者→上司に要承認データの通知。上司の承認→経理に通知→承認手続
4-2．スキャンデータのチェック	提出された領収書と経費精算システム内の撮影データを照合	経理等のチェック担当部署
5．仮払いとの差額の精算	4の入力で差額が自動計算され、経理へ通知	振込データが作られ、承認後送金。
6．経費の計上	経費精算システムから会計システムへの経費データが自動作成	経理担当→上司

　今度は、書類として登場するのは、領収書のみです。これをスマホ撮影でデータ化することで、後日、領収書と撮影データの照合作業は必要なものの、それ以外には書類が動くことはありません。経費精算システムから経費を計上する仕訳、旅費仮払いや精算額の支払いの仕訳のデータが作成され、振替伝票を作成しないで済みます。精算額を振り込むための振込データも自動作成してくれます。

　また、旅費・経費精算システムを利用していることで、会社の最寄り駅から出張先までの駅を入力すれば、システムが運賃を自動計算してくれるので、出張者も精算の手数が省けます。また、会社の最寄り駅から新幹線や空港までの経路に通勤定期の経路が含まれていれば、その経路から外れる駅からの交通費を計算するなど、経理としてもチェックが省力化されます。

　そして、何より大きいのが、出張者が帰りの飛行機や新幹線の中で旅費・経費精算システムで精算を終えてくれれば、それが上司に通知され、上司が会社にいようと、別の出張に出ていようと、承認作業ができます。そのため、書面の旅費・経費精算に比べれば、まとめて行うことができ、かつ、それでも業務が滞ることがありません。

　ということで、旅費・経費精算業務は、ほぼテレワークで実施するこ

とが可能になることがわかります。逆に言えば、テレワークを実現するためには、ペーパレス化が実現していなければ無理なのです。

Point
まとめ

経費・旅費精算は、スキャナ保存を使ってペーパレス化できます。他の業務も電子帳簿保存法の4つの仕組みを組み合わせてペーパレスへと進めればよいのです。

6 経理のデジタル化で何が変わりますか

経理業務の効率化は、2つのアプローチで考えることができます。

(1) 手作業・手入力を減らして経理業務を短時間で終えられるようにする
(2) テレワークを実現して、自宅やサテライトオフィスから業務ができるようにする

この2つのアプローチのどちらを採るにしてもデジタル化が重要なキーワードになります。

紙からの入力は
たいへん

紙の書類があると、その書類の数字を読み取って、パソコンに手入力していくという作業が発生してしまいます。もし、紙の書類に書かれている内容が電子データで入手出来ていたならば、会計システムに自動的

に入力できる仕訳データに変換することも容易なはずです。

　また、紙の書類が郵送で送られてきて、社内の部署間で回付され、そこから書類が作成され、検印や承認印を押して・・・とやっていたのでは、会社に来なければ仕事ができません。

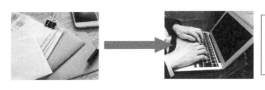

社内をデジタル化しても
外部から紙が・・・

　送られてきた書類から必要な集計作業や伝票作成業務をすることは、書類を自宅に持ち帰ればできないわけではありません。しかし、でき上がった書類を社内のサーバに保存するのであればよいのですが、稟議書のように複数の部署や担当者の間を回付される文書は、会社へ持っていき、捺印してもらわなければなりません。申請・承認業務をオンライン化するには、一般にワークフローと呼ばれるシステムを使います。

　稟議書や決済申請書といった社内の承認のための書類は、税務上の帳簿書類の概念からは外れます。しかし、そうしたものも含めて、電子化していくことを検討することでテレワークが可能となりますし、同時に経理の業務効率アップが実現します。

　それでは、各種の書類をデジタル化していく結果、どのようにして、経理業務の効率が向上するのかについて説明しましょう。

●図表3　これからの経理の流れ

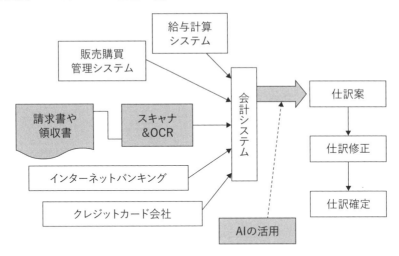

　この図表では、会計システムにいろいろなシステム等からデータが電子的に流れ込んでくるというイメージを表しています。

給与計算システム	月々の給与や賞与の仕訳データが取り込まれる。
販売管理システム、購買管理システム、在庫管理システム	売上高、仕入高、月末棚卸資産を計上する仕訳データが取り込まれる。
旅費・経費の精算システム	旅費交通費、交際費、会議費などの仕訳データが取り込まれる。
インターネットバンキング	銀行取引全般が取り込まれる。
クレジットカードの取引データ	法人カードで購入された諸経費の仕訳データが取り込まれる。

　従来、従業員が立替払いをして、経費精算してきたような取引も、スキャナ保存制度を活用することでデジタル化することができるようになりました。

　こうして、多くの取引がデジタル化されると、仕訳データとして会計システムに取り込んだり、インターネットバンキングのデータについては、会計システム側でAIを利用しながら仕訳候補を自動作成すること

が行えるようになります。その結果、仕訳伝票をいちから起票するのではなく、会計システムが提案してきた仕訳をチェックして、修正が必要なら修正し、摘要文が不足なら追加するといった作業をするだけで仕訳を確定することができます。経理の入力業務がほとんど消えてしまうということが実現できるようになってきたことがわかります。

　システム側の変化も把握していくことで、未来の経理の姿が見えてくることになります。

Point
まとめ

DXとは、情報がデジタル化されていることで、入力の省力化だけでなく、AIの活用で仕訳作成まで関与させることができ、人による作業を代替して、生産性のアップにつながるということを意味します。

7　経理のシステムだけでは DXにはならないのですか

　デジタル化を進めるうえでは、帳簿、証憑など経理業務の電子化をするだけでは、その周辺に書面が残ってしまうことになります。稟議書や接待伺いといった社内の決裁資料ないし内部統制上の資料というものは、国税関係書類ではありません。したがって、電子帳簿保存法の対象となる帳簿や書類だけを電子保存、スキャナ保存、電子取引保存をしても、こうした書類が残っていては、DXには至りません。そこで、経理周辺のデジタル化に関するツールについて、紹介をします。

⑴　ワークフロー

　会社の中には、稟議書のような大きな意思決定から接待や出張の申請のようなものまで、何らかの申請、承認、決裁というプロセスが存在しています。上司に口頭やメールで「来週、例の案件、お客様のokをも

らいに、新しい見積書を用意して、再提案に行ってきます。」と伝えて、
「がんばってください」と返事をもらって、その返事が「承認」を意味
することもあります。しかし、設備購入の稟議書のように設備投資の必
要性や効果を訴え、支出金額の妥当性を示すために複数の会社に相見積
もりを出した結果の見積書を添付し、所属の部長の承認印をもらったう
えで、総務部に提出して、すべての取締役の承認を得なければいけない
という申請から決済の手続もあります。従来通りなら、書面がすべての
取締役に回付されて、最終的に社長の決裁の印が押されることになりま
す。ワークフロー・システムは、このプロセスをすべて、電子的に行う
ことができるシステムです。

ワークフローシステム

稟議申請　　　　　　承認　　　　承認　　　　　　　　最終決裁

　この図では、申請者が総務部に提出するという過程は省略されていま
すが、金額や内容によってどのような役職の人に回付すればよいのかも
システムに登録することができ、作成された稟議書のデータは、上司、
取締役、社長へと回付されて、承認にあたっての条件や疑問点を投げ返
して、申請者が回答するといったプロセスを経て、社長が最終決裁と
いった流れを各自のパソコンやタブレット端末の上で、進めていくこと
ができます。
　残業申請、接待伺い書など、経理にも影響するとはいえ、税務面での
保存義務の対象とはならない書類についても電子化することで、テレ

ワークでの業務を可能とするだけでなく、業務自体の効率化を図ることができます。こうしたシステムがあれば、社長や取締役が海外出張中であっても、インターネットにつながるパソコン等を持参していれば、承認業務ができるからです。

⑵　ネットバンキング

　テレワークに向けて、帳簿や書類の電子化に動き始めても、月初に普通預金通帳を持って、取引銀行の ATM を回り、通帳記入をしたうえで、会社へ戻るといったことをしていては、そのために出社する必要があります。また、給与振込みや月末の定時払いも振込書に記入して、銀行取引印を押印して、銀行へ持ち込むのでは手間がかかります。

　ネットバンキングによって、残高照会、入出金明細の確認、振込作業などを行うことができます。振込みができるというと、従業員によって不正な送金が行われたり、ＩＤ・パスワードが盗まれて多額の不正送金が行われたりするのではないかといった不安を持たれる方もいます。

　しかし、ネットバンキングのセキュリティを支える仕組みとして下記のようなものがあります。

・残高照会だけできるIDと振込みもできるIDを発行できる

・5万円までの振込みはできるIDと高額な振込みの権限もあるIDといった区分ができる

・指紋認証、ID・パスワードでの認証、ワンタイムパスワードでの認証、利用端末への電子証明書登録など各種の認証システム

・振込予約をする端末と別の端末から確認・承認する2段階の振込作業

　こうした仕組みをきちんと使いこなすことで、売掛金の入金チェックをする人には、取引明細を見るだけの権限を与え、振込の登録をする人、登録結果を承認して実行する人といった職務分掌に応じた権限設定なども通じて、安全で便利な銀行取引ができることになります。

　これまで、通帳は財務担当が管理し、売掛金の入金消し込みをする部

署には通帳のコピーを取って回付していたかもしれません。あるいは、通帳記帳をしたら直ちに会計システムに預金取引の入力を行い、会計システムの閲覧権限を与えた担当者に銀行の入出金を把握してもらう形で伝達することもできます。しかし、それぞれ、業務の効率としては、ネットバンキングに劣ると言わざるを得ません。

⑶　ダイレクト納付等の電子納付

　コロナ禍も影響してのことか、都市銀行を中心として、税金等を納付書で振り込むために銀行の窓口へ行こうにも、事前のネット予約が必要という場合が出てきました。また、同じく都市銀行の一部では、自治体の一部について税公金の取扱いを取りやめる動きが出てきています。これにより次のようなことが起こります。

> ・税公金の納付については、取扱可能な金融機関へ取り次ぐため、別途手数料が発生する
> ・取次には日数を要するため、納付期限に間に合わない場合、延滞金が発生する

　すなわち、納期限の日の14時55分に銀行に飛び込んで、税金の納付をしてもダメな場合があるというわけです。

　金融のインフラを担う金融機関がこれでよいのかという問題はさておき、そうした企業環境になった以上、税公金の電子的な納付について研究する必要があります。

　電子的な納付方法としては、以下のようなものがあります。

> ・ATMからのペイジーの利用
> ・インターネットバンキングでのペイジーの利用
> ・クレジットカード納付
> ・スマホ納付
> ・口座振替
> ・ダイレクト納付

　税金に限定すれば、ダイレクト納付は、注目すべき手続です。e-Tax（国税電子申告・納税システム）、eLTAX（地方税ポータルシステム）の両方にダイレクト納付があり、共に最初に銀行引き落としの書類を提出することでダイレクト納付が可能となります。

　これにより毎月10日までに納付しなければならない源泉所得税と住民税特別徴収の納付のように従業員が多い企業における必須の手続が金融機関の窓口に行かずとも納付できるようになります。もちろん、所得税・法人税・消費税などの納付もできますが、これらは金額が大きくなることがあるので、口座の残高に注意する必要があります。しかし、月末近くに申告書が完成して、納付までの時間がないという場合にも直ちに納付ができます。法人税など申告納税の税金の納付は、電子申告の受信通知からダイレクト納付へと進みますので、電子申告をした税理士にダイレクト納付の手続を依頼することもできることになります。

⑷　給与システム（明細のネット閲覧）

　かつて、給与を支払う際には、銀行から現金を引き出してきて、封筒詰めをして、給与明細を同梱して従業員に支給していた時代がありました。給与振込が当たり前の時代になりましたが、それでも給与明細書を封筒に詰めて交付する、封筒の形式になる用紙を使って給与明細書を印字するといったことをしている企業も少なくないことと思います。

　しかし、給与明細のデータを各従業員が自分の明細を見られるような仕組みで閲覧に供することができれば、書面の給与明細が不要になります。

　近年、年末調整のネット化も進みつつありますが、扶養異動等申告書の提出から年末調整も電子化して、給与明細も電子化することで、給与関連の手続が電子的に完結することになります。

⑸　チャットツール・テレビ会議

　チャットというのは、短文でのメッセージのやり取りをすることです。LINEを家族や友人と使われている方は多いと思いますが、これの

企業版だと思っていただいてもよいです。

　従来なら社内に全員が顔を揃えているため「××さん、A社の甲さんからお電話が入りました。折り返し電話をくださいとのことです。」といったメモを残しておくことで、連絡していたはずです。テレワークやフレックスタイムで、従業員同士が顔を揃えられない状況になっている場合、こうしたチャットが有効なコミュニケーション手段となります。また、社外の人もチャットに入れることもできることが多く、外注先や顧客側の担当者ともチャットで連絡を取り合うこともできます。電話、メールとの使い分けという点では、実際に導入してみることで、いつの間にか使い分けができるようになってくるものと思われます。

コミュニケーションツールの多様化

情報や知識の伝達	手　紙 電　話 メール 訪　問 会　議 講演会 会　食	＋	チャットツール テレビ会議 オンラインセミナー オンライン飲み会
議論や意見交換			
顔合わせ、交流			

　また、テレビ会議もこの数年、非常に幅広く活用されるようになってきました。取締役会や、営業会議といった会議、営業活動の一環としてのセミナーや研修の一環としての講義の聴講、営業マンから得意先へのプレゼンテーション、訪問しての打ち合わせに代わるミーティングなど、多くの活用法があります。実際、コロナ禍でオンライン飲み会で社内交流や社外の人との交流を図るといったことが行われており、テレビ会議システムがあってこその交流手段だということができます。

⑹　勤怠管理システム

　会社の従業員の出社風景というと、「タイムカードを押す」というのが定番だった時代がありました。この時代には、給与計算に当たり、タイムカードから時間集計をする必要がありました。今は、ID カードをかざして、システムが時間集計をしてくれますが、これすら出社を前提とした仕組みであり、テレワークを前提とすると有効に機能できるものではありません。

　ネットでアクセスして、業務の開始と終了を Web ブラウザやスマホアプリから記録するだけでなく、IC カードや指静脈認証・顔認証で記録できるものが発売されています。在宅勤務時にはパソコンから、会社に出社した際には、ID カードや顔認証で出勤の記録ができることになります。

勤怠管理の進化

出勤簿　　　　　　　　　タイムカード　　　　　　　勤怠システム

　このように帳簿書類など経理だけでなく、業務全体の電子化を図ることで、会社の IT 化、DX が実現します。

Point
まとめ

ご紹介したツール、一部はすでに使っている読者の方もいらっしゃるはずです。いずれも使ったことがないという方は、同業者に聞いてみましょう、きっと「便利だよ」という感想がもらえます。

8　電子契約についても教えてください

　電子契約とは、契約内容を電磁的方式で表記し、その内容の確からしさを証するために署名・捺印などの方式に代わり、電子署名やタイムスタンプ、あるいは第三者が用意した改ざん不可能な保存場所に保持することで従来の書面契約に代える契約の仕方です。

　電子契約も一部では普及してきていますが、まったく使ったことがない人も多いシステムです。どのようなシステムになるのか、概略を解説しておきましょう。

　電子契約システムは、従来、契約書2部を作成し、自社の捺印をし、取引先に郵送や持参して、契約内容によっては印紙を貼り、捺印をしてもらい、1部を取引先に1部を持ち帰って保管するという流れを電子的に行うものです。上記の契約書の作成について例示すると、以下のようになります。

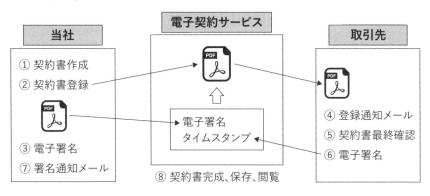

①　まず、契約書作成当事者の一方が契約書原案の作成をして、取引先と協議しながら、内容を固めます。

②　内容が固まったところで。電子契約サービス会社のサイトへ契約書をアップロードします。

③　登録した契約書に電子署名を付します。

④　登録と電子署名が完了した旨の通知メールが取引先に届けられます。

⑤　取引先でも契約書の最終確認をして、契約する意思決定をします。

⑥　取引先でも電子署名をします。

⑦　取引先の電子署名も完了した旨通知がきます。

⑧　この段階で、電子契約サービス会社が自社の電子署名やタイムスタンプを付して、契約書が完成し、長期にわたって保存され、両社から閲覧ができる状態が保持されます。

　このような電子契約のサービスを利用することで、契約を行う当事者双方にとってシステム開発コストを費やすことなく、電子契約を行うことができるようになります。契約書の登録に際して、契約日や契約の相手先名、契約金額など必要な情報を登録しておくことで、検索可能性も確保され、タイムスタンプが付されていたり、訂正削除ができない仕組みになっていたりすることで電子帳簿保存法の電子取引の要件も満たすことになります。

　このような典型的な契約書のほかにも定型の役務を多数の顧客に提供するような業務において、顧客の住所氏名、電子メールアドレスを登録してもらったのちに、約款を読んでもらい、約款に了解した場合にその役務に申し込むという手続全体も電子契約です。この場合、役務を提供する企業としては、顧客の個人情報と共に約款に了承を得たという記録について訂正や削除ができない状態にするシステム作りをしなければなりません。また、顧客には、契約成立を証する電子メールを送付するといった取引も電子契約です。

Point
まとめ

電子契約システムの中には、会議の議事録についての捺印システムも兼ねるものもあります。社外役員が多い会社の取締役会議事録の捺印などで活躍しています。議事録は、ワークフローシステムでも対応できます。

9　ダイレクト納付の開始手続、電子納付について教えてください

　ダイレクト納付は、国税と地方税のそれぞれで開始手続を行い、電子納税をする際にも国税、地方税の区分に応じて、手続をすることでダイレクト納付ができます。たとえば、法人税や消費税は、国税なのでe-Tax（国税電子申告・納税システム）でダイレクト納付の手続を行い、法人事業税や個人住民税特別徴収（給与から天引きした従業員の住民税）は、eLTAX（地方税ポータルシステム）でダイレクト納付します。

⑴　e-Taxでのダイレクト納付の開始手続

　ダイレクト納付を利用するために準備することとしては、まず、以下の３つが挙げられます。

①　e-Taxの利用開始のための手続をしていること（利用者識別番号の取得・電子証明書の取得）

②　ダイレクト納付のサービスを提供する金融機関に口座を有していること

③　ダイレクト納付の利用届出書を提出していること

　しかしながら、e-Taxを利用するために利用者識別番号は必要なものの、電子署名が必要な手続については、税理士に代理で電子申告してもらっている場合、電子証明書は必ずしも必要ではありません。また、源泉所得税の納付のための給与所得等の徴収高計算書の提出には電子署名は不要ですから、このためだけに電子申請とダイレクト納付を利用するのであれば、電子証明書は不要です。

　また、金融機関の口座ですが、都市銀行、地方銀行、信用金庫、信用組合などほぼすべての金融機関がダイレクト納付に関するサービスを提供しています。しかし、ネット専用銀行の多くは、対応していませんので、注意が必要です。

　①の利用者識別番号の取得ができて、e-Tax（Web版）にログインで

きれば、ダイレクト納付利用届出書を Web 上で作成することができますので、作成後プリントアウトして、銀行取引印を捺印したうえで、所轄の税務署に提出します。振替依頼書のオンライン提出という方法も用意されています。また、次頁のような手書きの書式も用意されていますので、これに記入して、提出することもできます。

　提出後、税務署と金融機関において所定の確認・登録作業が完了し、ダイレクト納付の利用が可能になると、e-Tax のメッセージボックスに「ダイレクト納付登録完了通知」が格納されます。ダイレクト納付利用届出書を提出してから利用可能となるまで、書面で提出した場合は 1 か月程度、オンライン提出した場合は 1 週間程度かかります。

法人番号													

※個人の方は個人番号の記載は不要です。

国税ダイレクト方式電子納税依頼書
兼国税ダイレクト方式電子納税届出書

令和　年　月　日提出

税務署長　あて

氏名（法人名及び代表者氏名）

　私（当社）は、国税について、電子納税（ダイレクト方式）を利用することとしたいので届け出ます。
　なお、税理士から申告書等を代理送信した場合には、税理士が私（当社）に代わって電子納税（ダイレクト方式）手続の実行をできるよう、あわせて届け出ます。

取扱金融機関　御中

　私（当社）は、国税の納付を電子納税（ダイレクト方式）により納付することとしたいので、下記約定を確約の上、依頼します。

1　指定預貯金口座

住　　所 （所在地）	（〒　　　－　　　）電話　　　（　　　　）	（金融機関お届け印）
	（申告納税地）	
氏　　名 法人名及び 代表者氏名	（フリガナ）	印影が不鮮明な場合には、 こちらにも押印してください。
指定金融機関	銀　行・信用金庫 労働金庫・農　協 信用組合・漁　協	本　店・支店 本　所・支所 出張所
預金種別	1 普通 2 当座 3 納税準備　　口座番号 （ゆうちょ銀行以外）	
ゆうちょ銀行	記号番号　　　　　　　　　　　－	

2　振替日時：納付情報送付日時
3　利用開始日：ダイレクト方式電子納税（ダイレクト納付）登録完了通知の受信日以降

税務署整理欄	（不備事由） 1　金融機関番号エラー　　4　口座情報不完全 2　整理番号等未登録　　　5　その他 3　重複入力

入　　力	訂正入力	送　　付	登　　録

金融機関番号

整理番号

約　　　定
一　国税庁の電子情報処理組織を使用して私（当社）名義の国税の納付に必要な情報（以下「納付情報」という。）が送付されたときは、私（当社）に通知することなく納付情報に記録された金額を指定預貯金口座から引き落しの上、納付してください。この場合、当該納付に係る領収証書は省略されて差し支えありません。
二　前項の指定預貯金口座からの引き落としに当たっては当座勘定規定又は預貯金規定にかかわらず、私が行うべき小切手の振出又は預貯金通帳及び預貯金払戻請求書の提出はいたしません。
三　指定預貯金残高が振替日時において納付情報に記録された金額に満たないときは、私（当社）に通知することなく納付情報を返戻されても差し支えありません。
四　この契約は、貴店（組合）が相当の事由により必要と認めた場合には私（当社）に通知されることなく解除されても異議はありません。
五　この契約を解除する場合には、私（当社）から税務署を経由して指定した金融機関に書面をもって届け出ます。
六　この取扱いについて、仮に紛議が生じても、貴店（組合）の責によるものを除き、貴店（組合）には迷惑をかけません。

金融機関整理欄	（不備返却事由） A　印鑑相違　　　　F　住所相違 B　印鑑不鮮明　　　G　支店名相違 C　口座番号相違　　H　その他 D　口座該当なし E　名義人相違 （備考）

受　付　印	印鑑照合	検　　印

（口座識別番号）

（認証番号）

⑵　eLTAXでのダイレクト納付の開始手続

　地方税の場合もまずはeLTAXの利用登録を行って、IDと暗証番号を取得します。そのうえで、以下の手順で開始手続きをします。

　①　口座情報の登録

　eLTAXの操作を行うPCdesk（ダウンロード版）・PCdesk（WEB版）のいずれかでログインして「納税メニュー」から「口座情報の登録」へと進みます。利用規約を確認して、「同意する」を選択し、口座情報を入力します（「利用者情報を転記」をクリックすると、法人名称まで転記されます。）。口座名義人氏名（カナ・漢字）欄に、法人名称・代表者肩書・代表者名を入力します。

　②　「依頼書」を金融機関に郵送する

　「口座情報登録確認」画面で、選択・入力項目が金融機関への届出通りであることを確認したのち、「申込用紙印刷」ボタンをクリックして、依頼書を出力します。金融機関提出用 ご利用者様控え用 宛名ラベルの3枚が出力されます。そのうち、金融機関提出用の金融機関お届け印欄に、当該預貯金口座のお届け印を押印し、封筒に宛名ラベルの「金融機関送付先」と切手を貼付し、金融機関提出用を郵送します。

　③　登録状況を確認する

　金融機関の審査翌日に、メッセージボックスに結果が通知されます。「依頼書」に不備がない場合、結果が通知された当日からダイレクト納付が使用できます。

　e-TaxもeLTAXも、ダイレクト納付では引き落とし日の予約ができます。インターネットバンキングでペイジーのサイトへ行って納付する場合と異なり、ネットバンキングへのログイン手続が不要です。そのため、法人税等の電子申告をした税理士にダイレクト納付の作業までやってもらうこともできます。ダイレクト納付を利用することで、毎月10日や月末といった銀行窓口の混雑する日に銀行へ行かないで納税ができるようになります。

e-TaxもeLTAXも、それぞれの電子申告・電子納税の
ページの中でダイレクト納付の開始の申請書の作成ができ
ます。まずは、それぞれの電子申告の開始届を出して、ID
（利用者識別番号）と暗証番号の取得からスタートです。

10 ＡＴＭでのペイジーの利用、クレジットカード納付とは

　このようにダイレクト納付には大きなメリットがありますが、法人
税・消費税など多額の納付において自動で引き落としというのが不安
で、残高があることを確認して、そのタイミングで納付をしたいという
ニーズもあるはずです。そうなると、ATMやインターネットバンキン
グでのペイジーでの納付は便利です。また、クレジットカード納付で
は、納税額分の引き落としがクレジットカードの引き落とし日になるた
め、納税期日を実質的に延ばすような効果が期待できます。

　銀行によって画面のデザインは異なりますが、下記のようなATMで
「税金・料金振込み」ないしこれに類するボタンを押します[6]。

　こののち、収納機関番号、納
付番号、確認番号、納付区分を
入力していき、納付金額を指定
すれば、納付することができます。
　クレジットカードでの納付
は、利用できる自治体が限られ
ています。利用できる自治体で

---

[6]　日本マルチペイメントネットワーク推進協議会の以下のWebページより
　　　http://www.pay-easy.jp/howto/

は、クレジットカード納付サイトを用意しており、このサイトは、民間企業により運営されています。たとえば、東京都の「都税クレジットカードお支払いサイト」は、トヨタファイナンス株式会社が運営しています。こうした運営代行会社への手数料があるため、クレジットカード納付においては、納付する税額と別に一定の率や定額の手数料が追加されて納付金額となります。たとえば、東京都の場合0.73％ですので、これ以上のポイントやマイルが付与されない場合には、少し持ち出しになってしまうことになります。また、クレジットカード会社での取り扱いについて、リボ払いなどを選択すると、より多額の利息相当額が発生しますので、注意が必要です。

　それでも、クレジットカードの年間利用金額を増やしたい場合、手数料を超えるポイントが付与されるような場合には、引き落とし時期が約1か月遅れること以上にメリットがもたらされることになります。

Point
まとめ

クレジットカード納付の場合、法人住民税の納付では、自治体から送付されてくる納付書の記載事項だけでは納付情報が不足しており、別途納付書発行依頼をかける必要があることもあります。しかし、ひと手間かけてもポイントやマイルを貯めたい納税者の方もいらっしゃいます。

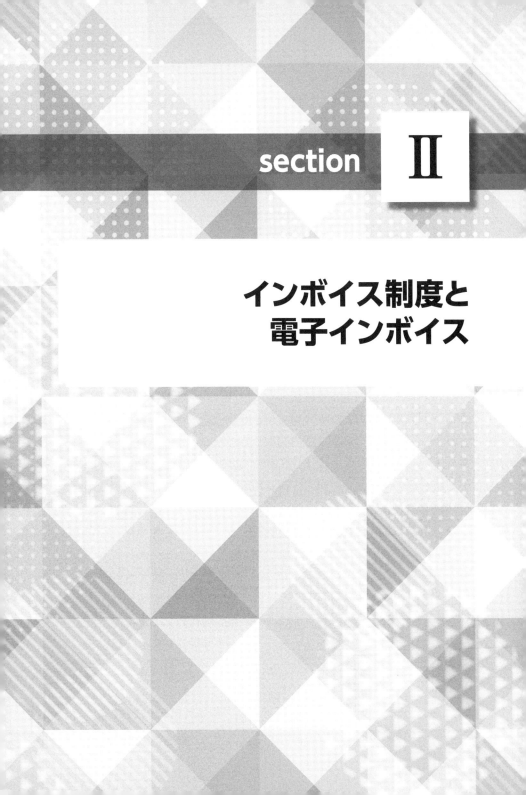

section II

インボイス制度と
電子インボイス

1　インボイス制度はなぜ導入されるのですか

　顧問先の社長にインボイス制度の説明をするにあたり、「なぜ、このような制度が入るのか」という根本の説明をすることがあります。免税事業者からの仕入税額控除ができなくなる、すなわち最終的に消費者が負担した消費税の金額が漏れなく国庫に納付されるようにするという効果の部分に着目する方が多いように思われます。「なるほど、結局、税収を増やそうとしているのですね」といった納得のされ方をする人も少なくありません。

　しかし、実際のところは、異なります。インボイス制度は、軽減税率制度が導入されてことによって導入された制度です。平成28年度税制改正の大綱では、平成29年4月からの食料品8%の軽減税率の導入を決めるにあたり「消費税の軽減税率制度を、平成29年4月1日から導入する。あわせて、複数税率制度に対応した仕入税額控除の方式として、適格請求書等保存方式（いわゆる「インボイス制度」）を平成33年4月1日から導入する。それまでの間については、現行の請求書等保存方式を基本的に維持しつつ、区分経理に対応するための措置を講ずる。」※1と記載しています。すなわち、複数税率に対応して、インボイス制度が必要になるという説明なのです。

　単一税率であった時代の請求書等保存方式では、免税事業者からの仕入でも仕入税額控除ができたわけですが、その理由は、単一税率で、かつ、非課税取引の範囲も限定的であった現行消費税制度の下においては、一定の合理性があったからだという説明がされています。しかし、複数税率制度の下では、例えば、「売り手が軽減税率で申告し、買い手は標準税率で仕入税額控除をする」といった事態が発生しないよう、事

※1　閣議決定「平成28年度税制改正の大綱」（平成27年12月24日）P.61～62
　　　なお、法律になった段階では、令和5年10月1日からの導入とされている。

業者間の相互牽制により、適正な税額計算を確保するための仕組みが必要になります。そこで、平成28年度税制改正においては、いわゆるインボイス方式である「適格請求書等保存方式」を導入することとされたのです[2]。

　ということは、免税事業者からの仕入に当たって仕入税額控除ができないといったインボイス制度による影響は、それ自体は制度導入の目的ではなく、インボイス方式を導入することによる副産物なのだということができます。同時に複数税率を廃止しない限り、インボイス制度をやめてしまうということはあり得ないということを意味します。

　10％の本則税率と8％の軽減税率について、今後、軽減税率適用品目の拡大の可能性はあっても、「すべて10％にして、単一税率に戻ろう」といった改正が行われる可能性は、国民の側に抵抗感が生じることを想定すると困難なのだと考えざるを得ません。ということは、これからも長い付き合いをしていくという覚悟の下で、インボイス制度への対応をする必要があるのです。

Point
まとめ

EU諸国は、付加価値税導入時に存在していた個別物品税の調整のためやむを得ず軽減税率を導入していました。そして、ニュージーランドやカナダなど後から付加価値税を導入した国々は単一税率であり、このことを好ましいことと評価していました。日本は、わざわざ望ましくない方向への改正をしてしまったがゆえのインボイス制度です。

※2　財務省「平成28年度税制改正の解説」P.774

2　インボイス制度の概要について教えてください

　国税庁が公表している「消費税の仕入税額控除制度における適格請求書等保存方式に関するQ＆A」（以下、「インボイスQ＆A」という。）問1では、インボイス制度の概要として次の3つを掲げています。

　⑴　適格請求書発行事業者の登録制度

　⑵　適格請求書の交付義務等

　⑶　仕入税額控除の要件

　ここでは、⑴　適格請求書発行事業者の登録制度について解説しましょう。

　適格請求書等保存方式においては、仕入税額控除の要件として、原則、適格請求書発行事業者から交付を受けた適格請求書の保存が必要になります。この適格請求書を交付しようとする事業者は、納税地を所轄する税務署長に適格請求書発行事業者の登録申請書を提出し、適格請求書発行事業者として登録を受ける必要があります。ただし、この登録を受けることができるのは、課税事業者に限られます。これが、**7**で解説するような免税事業者の問題を引き起こします。

　登録申請書が提出されると、税務署長は、氏名又は名称及び登録番号等を適格請求書発行事業者登録簿に登載し、登録を行います（新消法57の2①②④）。適格請求書発行事業者登録簿に登載されているか否かを客観的に確認できるように、適格請求書発行事業者の情報については、「国税庁適格請求書発行事業者公表サイト」において公表されます。

　この登録は、令和3年より開始され、国税庁適格請求書発行事業者公表サイトもすでに公開されています。

　インボイスすなわち適格請求書とは、次の事項が記載された書類、たとえば請求書、納品書、領収書、レシート等のことをいいます（新消法57の4①）。

　①　適格請求書発行事業者の氏名又は名称及び登録番号

② 課税資産の譲渡等を行った年月日

③ 課税資産の譲渡等に係る資産又は役務の内容（課税資産の譲渡等が軽減対象資産の譲渡等である場合には、資産の内容及び軽減対象資産の譲渡等である旨）

④ 課税資産の譲渡等の税抜価額又は税込価額を税率ごとに区分して合計した金額及び適用税率

⑤ 税率ごとに区分した消費税額等（消費税額及び地方消費税額に相当する金額の合計額をいいます。以下同じです。）

⑥ 書類の交付を受ける事業者の氏名又は名称

　軽減税率がスタートした令和元年10月以来、軽減税率品目の区分ごとに譲渡等の金額、適用税率、消費税額を表示してきた企業の請求書等においては、登録番号だけを追加で記載すればよいことになります。

　また、販売する商品が軽減税率の適用対象とならないもののみであれば、「軽減対象資産の譲渡等である旨」の記載は不要であり、課税資産の譲渡等の対価の額（税込価格）の記載があれば、結果として「課税資産の譲渡等の税抜価額又は税込価額を税率ごとに区分して合計した金額」の記載があるものとなります（インボイスＱ＆Ａ問60）。

　3以降で、⑵ 適格請求書の交付義務等、⑶ 仕入税額控除の要件についての解説をすることにします。

Point
まとめ

「お買い上げ合計（税抜）」、「消費税等」、「合計ご請求額」といった表記の請求書の様式は少なくありませんが、「消費税等」の隣に「（適用税率10％）」といった記述が必要なことには注意が必要です。

3 インボイス（適格請求書）の交付義務等とはどういうことですか

　インボイス発行事業者には、国内において課税資産の譲渡等を行った場合に、相手方からの求めに応じて適格請求書を交付する義務が課されています（新消法57の4①）。また、書面の適格請求書の交付に代えて、適格請求書に係る電磁的記録を提供することができます（新消法57の4⑤）。すなわち、電子帳簿保存法における電子取引での提供ができるという意味合いです。

　ただし、次の取引は、適格請求書発行事業者が行う事業の性質上、適格請求書を交付することが困難なため、適格請求書の交付義務が免除されています（新消令70の9②）。

①　3万円未満の公共交通機関（船舶、バス又は鉄道）による旅客の運送

②　出荷者等が卸売市場において行う生鮮食料品等の販売（出荷者から委託を受けた受託者が卸売の業務として行うものに限る。）

③　生産者が農業協同組合、漁業協同組合又は森林組合等に委託して行う農林水産物の販売（無条件委託方式かつ共同計算方式により生産者を特定せずに行うものに限る。）

④　3万円未満の自動販売機及び自動サービス機により行われる商品の販売等

⑤　郵便切手類のみを対価とする郵便・貨物サービス（郵便ポストに差し出されたものに限る。）

　インボイス制度は、課税取引に係る取引の当事者の双方で同じ消費税額で消費税を取り扱ってもらうための制度です。したがって、業種的に標準税率の取引のみを行っている場合でも、取引の相手方からインボイスの交付を求められた時には応じる必要があります。ただし、取引の相手方が課税事業者でない場合には、取引の相手方はインボイスを利用する余地がありませんので、交付の求めに応じる必要はありません（新消

法57の4①）。免税取引、非課税取引及び不課税取引のみを行った場合についても、適格請求書の交付義務は課されないとされていますが、現実問題として、取引の相手方が課税事業者であるか否か、譲渡等が課税取引であるか否かによって適格請求書を交付するか、登録番号などのない適格請求書ではない請求書を交付するかといった使い分けをするわけではないはずです。インボイス発行事業者は、取引に際してインボイスをすべての取引相手に交付するものの、あくまで法律の立て付けとしては、交付義務は課税取引の場合、そして、取引の相手方が課税事業者の場合に限られているという構成になっていると考えることになります。

Point
まとめ

法律の条文で見る限り、余分な実務が求められそうにも見えますが、免税取引、非課税取引において適格請求書の様式を備えた書式を使ってはいけないというわけでもないし、取引の相手方が課税事業者であるか否かを確かめなければいけないわけでもありません。

4　仕入税額控除の要件について教えてください

　インボイス制度においては、一定の事項が記載された帳簿及び請求書等の保存が仕入税額控除の要件とされています（新消法30⑦）。帳簿に記載すべき一定の事項とは、次の4項目です（新消法30⑧）。

①　課税仕入れの相手方の氏名又は名称
②　課税仕入れを行った年月日
③　課税仕入れに係る資産又は役務の内容（当該課税仕入れが他の者から受けた軽減対象課税資産の譲渡等に係るものである場合には、資産の内容及び軽減対象課税資産の譲渡等に係るものである旨）
④　課税仕入れに係る支払対価の額

　これは、改正前から同じであり、東京23区内の会社が水道代を計上するとなれば、当然、東京都水道局であり、勘定科目が水道光熱費で摘要に東京都水道局とあれば、「×月分水道代、下水道代」などと③の記述をしなくても内容はわかります。しかし、法律上はこれら4項目すべての記述が求められるということになります。水道光熱費くらいであれば、摘要の不備を指摘されることはないでしょうが、仕入代など金額の大きな取引については注意をしておきたいものです。

　保存すべき請求書等には、適格請求書のほか、次の書類等も含まれます（新消法30⑨）。

　イ　適格簡易請求書

　ロ　適格請求書又は適格簡易請求書の記載事項に係る電磁的記録

　ハ　適格請求書の記載事項が記載された仕入明細書、仕入計算書その他これに類する書類

　ニ　次の取引について、媒介又は取次ぎに係る業務を行う者が作成する一定の書類

・卸売市場において出荷者から委託を受けて卸売の業務として行われる生鮮食料品等の販売

・農業協同組合、漁業協同組合又は森林組合等が生産者（組合員等）から委託を受けて行う農林水産物の販売

適格請求書の記載事項は、2において解説してあります。

Point
まとめ

帳簿や請求書等の記載事項を消費税の法律の条文として書かれてしまっている結果、仕入税額控除について帳簿や請求書等の記載事項の漏れなどが税務調査で争いになった場合、裁判では勝てる見込みはありません。形式主義ともいえますが、留意しておかざるを得ないのです。

5　適格簡易請求書とは何ですか、どのような事業者が発行するのですか

　適格請求書発行事業者が、不特定かつ多数の者に課税資産の譲渡等を行う事業を行う場合には、適格請求書に代えて、適格請求書の記載事項を簡易なものとした適格簡易請求書を交付することができます（新消法57の4②、新消令70の11）。適格請求書では、書類の交付を受ける事業者の氏名又は名称を記載しなければいけないわけですが、たとえば、スーパーマーケットのような小売業、居酒屋のような飲食店業では、顧客の氏名や名称をわざわざ聞き取らなければならないのも手間です。そうした事業の実態に合わせて適格簡易請求書というものが定められています。適格簡易請求書を交付することができる業種は、次の通りです。

① 　小売業

② 　飲食店業

③ 　写真業

④ 　旅行業

⑤ 　タクシー業

⑥ 　駐車場業（不特定かつ多数の者に対するものに限ります。）

⑦ 　その他これらの事業に準ずる事業で不特定かつ多数の者に資産の譲渡等を行う事業

　適格簡易請求書の記載事項を適格請求書と比較する形で掲げます（インボイスQ&A問47）。

◎適格請求書と適格簡易請求書の記載事項の比較（新消法57の４①②）

適格請求書	適格簡易請求書
①　適格請求書発行事業者の氏名又は名称及び登録番号	①　適格請求書発行事業者の氏名又は名称及び登録番号
②　課税資産の譲渡等を行った年月日	②　課税資産の譲渡等を行った年月日
③　課税資産の譲渡等に係る資産又は役務の内容（課税資産の譲渡等が軽減対象資産の譲渡等である場合には、資産の内容及び軽減対象資産の譲渡等である旨）	③　課税資産の譲渡等に係る資産又は役務の内容（課税資産の譲渡等が軽減対象資産の譲渡等である場合には、資産の内容及び軽減対象資産の譲渡等である旨）
④　課税資産の譲渡等の税抜価額又は税込価額を税率ごとに区分して合計した金額及び<u>適用税率</u>	④　課税資産の譲渡等の税抜価額又は税込価額を税率ごとに区分して合計した金額
⑤　税率ごとに区分した<u>消費税額等</u>	⑤　税率ごとに区分した<u>消費税額等又は適用税率</u>
⑥　<u>書類の交付を受ける事業者の氏名又は名称</u>	

　なお、適格簡易請求書についても、その交付に代えて、その記載事項に係る電磁的記録を提供することができます（新消法57の４⑤）。したがって、小売店がネット販売を行っている場合にダウンロードしてもらったり、PDF添付でメール送信する際の領収書は、適格簡易請求書の記載事項を網羅していればよいことになります。

Point
まとめ

「不特定かつ多数の者に資産の譲渡等を行う事業」に該当するか否かは、個々の事業の性質により判断しますが、例えば、資産の譲渡等を行う者が資産の譲渡等を行う際に相手方の氏名又は名称等を確認せず、取引条件等をあらかじめ提示して相手方を問わず広く資産の譲渡等を行うことが常態である事業などについては、これに該当すると解説されています（インボイスQ＆A問24）。

6　登録事業者の留意点はどのようなものですか

　適格請求書発行事業者には、国内において課税資産の譲渡等を行った場合に、相手方（課税事業者に限ります。）からの求めに応じて適格請求書を交付する義務が課されています（新消法57の4①）。具体的には、発行する請求書や領収書は、企業ごとにフォーマットが決まっているわけで、これを現状のフォーマットに登録番号などを加えて適格請求書、適格簡易請求書の様式に変更する必要があります。

　請求書が販売管理システムから発行される企業においては、令和5年10月以降、登録番号等が印字されるようになっているか確かめておく必要があります。事業者マスタへの登録番号の登録、請求書の様式の中でどこに登録番号を表示するかといった設定をしなければならないはずです。しかし、そもそもこうした入力画面が用意されていない販売管理システムであれば、バージョンアップをしたり、インボイス制度に対応している販売管理システムに入れ替えるといった対応をすることになります。

　小売店や飲食店の場合には、レジスターがレシートや領収書の印字において適格簡易請求書の様式に即した出力ができるようになっているか確かめる必要があります。ほとんどはレシートで、まれに領収書の発行を求められるといった企業においては、市販の領収書用紙を使っている場合もあるでしょう。こうした場合、会社名や店の名称のゴム印の中に登録番号も入れておくといった対応でもよいわけです。

　前述の**5**で紹介した適格請求書、適格簡易請求書の記載事項を満たしているかどうかを事前に確かめておくことが必要となります。

Point
まとめ

販売管理システムがインボイス制度に対応していない場合、バージョンアップで済めばよいのですが、自社開発のシステムのような場合、自らバージョンアップ作業をする必要が出てきます。開発会社との取引が途絶えてしまっているという場合も大急ぎで対応を検討しなければなりません。

7　免税事業者との取引について教えてください

　インボイス制度の話をすると、最初に気になるのが免税事業者との取引です。インボイス制度の原理からは、インボイスを発行できない事業者からの課税仕入に当たって、仕入税額控除ができないことになります。したがって、消費税額相当分だけ高い金額で仕入や費用の発生となることになります。

　なお、**9**で説明するように経過措置がありますので、令和5年10月からの3年間は、インボイスがなくても消費税相当額の80％を仕入税額控除することができます。その後の3年間は、同じく50％の仕入税額控除ができます。

　とはいえ、インボイスを発行してくれた事業者からの課税仕入とインボイスを発行できない事業者からの課税仕入の区分をしなければ、上述の経過措置に即した会計処理をすることができません。おそらく多くの会計ソフトでは、10％、8％軽減税率、旧8％、旧5％、旧3％の課税仕入並びに非課税仕入、輸出免税、課税対象外といった消費税コードにインボイスのない課税仕入を意味するコードを追加してくると思われます。これに対応した伝票作成や仕訳データの作成ができる必要があります。

　購買管理システムを利用している場合、仕入先マスタにインボイス発

行事業者か否かの登録をすることができるようなバージョンアップが図られるはずです。この結果、インボイス発行事業者とインボイスのない事業者ごとの小計を出力する形で仕入高一覧表を出力したり、仕訳データを出力したりできるようになるはずです。

　こうした処理をする上でも、自社の仕入先、経費発生先の中で免税事業者はどこなのかを把握していく必要があります。すべての取引先に「インボイスの登録番号の申請は済みましたか？」「登録番号が発行された事業者におかれましてはインボイスの登録番号をお知らせください。」「インボイス登録番号の申請をしない方針の事業者におかれましてはその旨をお知らせください。」といったアンケートを出すことも1つの方法です。令和5年の10月分の請求書を見て、登録番号の有無を確認するのでは遅すぎるからです。

　なぜなら、免税事業者からの仕入でも消費税相当額の80％は仕入税額控除できるとはいえ、20％相当額は費用の増加となる以上、損益が従来より変わることになりますし、場合によっては仕切値の変更や仕入先の変更の検討をしなければならないからです。

　仕入先、外注先だけでなく、社屋や倉庫、駐車場の賃借料を支払っている相手先、業務委託先など、販売費及び一般管理費の支払先の中にも免税事業者は存在しているはずです。こうした取引についても検討をしておく必要があります。

Point
まとめ

逆に言えば、皆さんの会社にも販売先からアンケートが送られてくる可能性があります。登録番号の取得は令和5年3月末までが原則ですので、令和5年の年初には登録するか否かの判断をしないといけないことになります。

8　免税事業者は、どうしたらよいのでしょうか

　免税事業者は、インボイスを発行しようとするのであれば、課税事業者になる必要があります。そして、インボイスを発行しない場合、取引先との取引停止の申し入れ、取引価格の変更協議の申し入れなどが生じる可能性が出てきます。しかし、当該免税事業者の納入品や提供サービスに他社にはない強みがある場合には、取引の停止はあり得ず、また、取引価格の変更なども拒絶できる可能性があります。

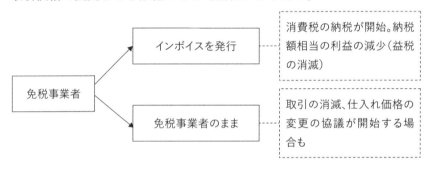

　1 でも解説したように複数税率に対応するためのインボイス制度のはずですが、免税事業者であることで販売価格の中での消費税額相当部分が益税として享受できていた部分が一部、消滅することになります。「一部、消滅する」というのは、多くの場合、簡易課税制度を選択することで、それまでの益税額の一部は簡易課税による益税として残せる場合が多いためです。

　登録事業者にならない場合でも、免税事業者も仕入等に際しては、消費税の負担をしているわけで、負担した消費税をまったく転嫁することなく販売価格を従来の100/110にしてしまうわけにはいきません。自社のビジネスの強み・弱みと商品やサービスの付加価値について改めて考えてみることが必要となります。

　なお、次の **9** で解説する仕入税額控除の経過措置があるため、取引先

もさしあたり3年間は、取引先の変更や仕入れ価格の変更について厳しいスタンスにはならない可能性があります。そのため、この3年間の間に取引先とも協議をしていくということも1つの方法だと思われます。

　また、駐車場数台分の賃貸をしているというような不動産所得がある個人事業者のような場合であれば、企業側から見ての金額的重要性といった判断から、特に賃貸価格の変更を求められることはない可能性もあります。顧客の中に芸能人や飲食店で働くようなビジネスで髪をセットする顧客がいる美容室などの場合、大部分の顧客はインボイスなど必要ないわけですが、このごく一部の優良顧客を引き留めるためにインボイスの登録事業者となるということもあり得ます。

Point
まとめ

免税事業者の問題について考える際、仕入税額控除の経過措置のことを加味して考えると、短期的には大きなインパクトはないともいえます。そのあたりを取引先にも説明しながら、時間をかけて落としどころを探るようなことも必要なのでしょう。

9　仕入税額控除の経過措置とはなんですか

　インボイス制度の開始後は、免税事業者すなわち適格請求書発行事業者以外の者から行った課税仕入は、原則として仕入税額控除の適用を受けることができません。ただし、制度開始後6年間は、免税事業者等からの課税仕入れについても、仕入税額相当額の一定割合を仕入税額として控除できる経過措置が設けられています。

●図表3　経過措置の概要

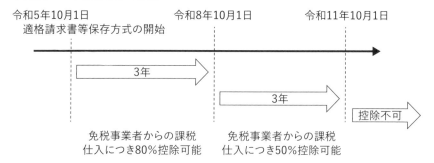

　このように適格請求書等保存方式が開始した直後からの3年間は、従来100％仕入税額控除できていたものがまったく控除不可になるのではなく、80％は控除できるという形となります。そして、その後の3年間は、50％控除できる。そして、6年後の令和11年10月1日からは全額控除ができなくなるという措置となっています。

　この経過措置による仕入税額控除の適用に当たっては、免税事業者等から受領する区分記載請求書と同様の事項が記載された請求書等の保存とこの経過措置の適用を受ける旨（80％控除・50％控除の特例を受ける課税仕入れである旨）を記載した帳簿の保存が必要です。

　この経過措置の期間、特に最初の3年間は、80％控除ができるわけですから、課税仕入を行う事業者側で「令和5年10月から免税事業者との取引をやめよう」ということにはなりにくいはずです。また、免税事業者の側としても、取引先から「インボイスの発行はできないのですか」と質問を受けた際にも、「経過措置の最初の3年の間に検討していくということでいかがでしょうか。」といった回答をすることで、さしあたりの時間を稼げるように思います。その中で、物価変動の状況、人件費の上昇の状況なども勘案しながら、取引先間での検討を進めることを推奨したいです。

Point
まとめ

消費税率が10％なので、仕入税額控除ができなくなると聞くと10％も損益が悪化するようなイメージを持ちがちです。しかし、仕入先の大部分はインボイス発行事業者ではないでしょうか。免税事業者からの金額ベースでの仕入額にするとさらに比率は下がるかもしれません。こうした観点での検討も重要なはずです。

10 インボイス制度で経理業務は変わるのですか

　インボイス制度がスタートすると、帳簿の入力を行う際に、従来の消費税の区分、すなわち課税取引、非課税取引、課税対象外取引、輸出免税の区分、課税取引について10％、8％、5％、軽減税率の区分に加えて、「課税仕入の相手が免税事業者であるため80％の仕入税額控除をする取引」を意味する区分のコードを入力する必要があります。これまでは、取引の形態・属性により消費税コードを決めていましたが、今度は、取引の形態・属性に加えて、課税仕入の相手が登録番号を持った事業者であるか否かを加味することになります。

　このように1つ留意事項が増えることで、集計表の様式を変更したり、入力時に適格請求書を見ながら行うといった手順の変更が必要になります。購買管理システムを使っている企業においては、バージョンアップが必要ですが、バージョンアップすれば、仕入先マスタなどの情報からインボイスのある事業者からの仕入と、インボイスのない仕入を区分した仕入一覧表が出せると思われます。しかし、集計表を手作業で作ってきたような企業では、手順の変更は、当然に手数の増加を生むことになり、この手数の増加を省きたい、そのために電子化を検討できないかという話が浮上してくることになります。

Point
まとめ

当初は、免税事業者だった仕入先が途中からインボイスの登録番号を取得して、インボイスを発行してくるようになるかもしれません。このために国税庁の適格請求書発行事業者公表サイトにチェックに行ったり、請求書を確認するのも面倒です。電子取引なら、そこも自動でチェックできるわけです。

11　電子インボイスとはなんでしょうか

　電子インボイスとは、電子化された適格請求書であり、電子帳簿保存法の概念でいえば、電子取引の仕組みによりインボイスをやり取りすることです。デジタル庁では、デジタルインボイスという表現を使用しています。従来、電子取引を実施するためには、販売者と購買者の2つの企業のいずれかが開発した専用の電子商取引システムを利用するか、汎用の電子商取引システムを両者が導入している必要がありました。しかし、インボイス制度の開始により電子インボイスを活用することがビジネスの遂行上必須になることを見越して、電子インボイスの共通規格がまとめられつつあります。

　それがJP-PINTです。PINTは、Peppol Internationalの略ですが、PINT自体は国際規格です。受発注や請求にかかる電子文書をネットワーク上でやり取りするための「文書仕様」「ネットワーク」「運用ルール」の規格で、国際的な非営利組織であるOPEN PEPPOLが管理しているグローバルな標準規格です。

　Peppolの仕組みは、いわゆる「4コーナー」モデルが採用されています。ユーザー(売り手)(C1)は、自らのアクセスポイント(C2)を通じ、Peppolネットワークに接続し、買い手のアクセスポイント(C3)

にインボイスデータセットを送信し、それが買い手（C4）に届く仕組みとなっています。

●図表4　Peppolの仕組み[※3]

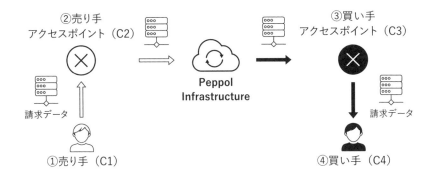

②売り手
アクセスポイント（C2）

③買い手
アクセスポイント（C3）

Peppol
Infrastructure

請求データ

①売り手（C1）

請求データ

④買い手（C4）

　この図のように売り手のアクセスポイント（C2）と買い手のアクセスポイント（C3）の間で、標準仕様にそったインボイスデータセットをやり取りしますので、アクセスポイントに登録している販売管理システム、購買管理システムを使ってさえいれば、両者のシステムのメーカーが違っていても電子取引のやり取りが成立することになります。したがって、売り手と買い手はJP-PINTの仕組みや内容を知らなくても対応システムを使っていればよいということになります。

※3　デジタル庁ホームページのFAQより
　　　https://www.digital.go.jp/policies/electronic_invoice_faq_02/

●図表5　電子インボイスの構想※4

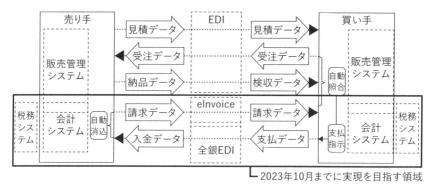

└─2023年10月までに実現を目指す領域

　規格を作成しているデジタルインボイス推進協議会では、インボイス制度が始まる令和5年10月までに図表の請求データと入金・支払データの実現を目指すとしています。

　JP-PINTの普及が電子インボイスの未来を担っているわけですが、令和4年9月にアクセスポイント第1段として登録されたのは2社でした。あと1年で何十社が登録されるのかに注目しています。

Point
まとめ

アクセスポイントという言葉からは、電子メールのやり取りが想起されます。どういうプロバイダと契約していようとインターネットにつながれば、プロバイダを経由して、電子メールのやり取りなどが自由にできるわけです。これくらい自由に電子インボイスのやり取りができるようになっていくことを期待したいです。

※4　デジタルインボイス推進協議会のホームページより
　　　https://www.eipa.jp/peppol

12 電子インボイスは、どのように保存するのですか

適格請求書発行事業者には、交付した適格請求書の写しの保存義務があります（新消法57の4⑥）。また、仕入税額控除をするにあたっては、適格請求書を保存する必要があります。インボイスを電子的に取り扱うには、電子帳簿保存法を利用することになります。詳細は、次章以下に述べるとして、ここでは、電子インボイスを送受信するのではなく、書面として交付したインボイスの控えの電子保存について触れておきます。

適格請求書のように国税に関する法律の規定により保存が義務付けられている書類で、自己が一貫して電子計算機を使用して作成したものについては、電子帳簿保存法に基づき、電磁的記録による保存をもって書類の保存に代えることができることとされています（法4②）。作成したデータでの保存に当たっては、次の要件を満たす必要があります（インボイスＱ＆Ａ問66）。

① 適格請求書に係る電磁的記録の保存等に併せて、システム関係書類等（システム概要書、システム仕様書、操作説明書、事務処理マニュアル等）の備付けを行うこと（規則2②一、③）

② 適格請求書に係る電磁的記録の保存等をする場所に、その電磁的記録の電子計算機処理の用に供することができる電子計算機、プログラム、ディスプレイ及びプリンタ並びにこれらの操作説明書を備え付け、その電磁的記録をディスプレイの画面及び書面に、整然とした形式及び明瞭な状態で、速やかに出力できるようにしておくこと（規則2②二、③）

③ 国税に関する法律の規定による適格請求書に係る電磁的記録の提示若しくは提出の要求に応じることができるようにしておくこと又は適格請求書に係る電磁的記録について、次の要件を満たす検索機能を確保しておくこと（規則2②三、③）

・取引年月日、その他の日付を検索条件として設定できること

・日付に係る記録項目は、その範囲を指定して条件を設定することができること

インボイス自体は書面として交付するとしても、その控まで書面に出力する必要はないわけです。税務調査の際にパソコン等を用意して、「インボイスの控えは、このフォルダにすべて入っていますから、ご自由にご覧下さい。コピーで差し上げてもかまいませんと言えれば、検索可能性を確保する必要もありません。

Point
まとめ

電子インボイスというと電子取引というイメージですが、このように書類の電子保存もインボイス制度と関わります。次章以下の電子帳簿保存法のすべての機能を理解していくことが必要となります。

13　登録番号の申請方法について教えてください

課税事業者がインボイス制度に対応していくためには、まず、登録番号を取得して、公表サイトに掲載される必要があります。適格請求書等保存方式が開始される令和5年10月1日から登録を受けようとする事業者は、令和5年3月31日までに納税地を所轄する税務署長に登録申請書を提出する必要があります（28年改正法附則44①）。

登録申請書は、e-Tax を利用して提出できます（個人事業者はスマートフォンでも手続が可能となります。）。郵送により登録申請書を提出する場合の送付先は、各国税局のインボイス登録センターとなります。

すでに電子申告を利用しているような企業では、電子証明書を取得済みでしょうから、e-Tax ソフト（WEB版）での申請が手軽です。しかし、電子証明書がない場合には、書面での提出が必要となります。

●図表6　適格請求書発行事業者の登録申請書（国内事業者用）

第1－(1)号様式

〔 国内事業者用 〕

適格請求書発行事業者の登録申請書

【1／2】

収受印		
令和　年　月　日	申請者	（フリガナ） 住所又は居所 （法人の場合） 本店又は 主たる事務所 の所在地 ◎（〒　－　） （法人の場合のみ公表されます） （電話番号　－　－　）
		（フリガナ） 納税地 （〒　－　） （電話番号　－　－　）
		（フリガナ） 氏名又は名称 ◎
		（フリガナ） （法人の場合） 代表者氏名
＿＿＿＿　税務署長殿		法人番号

　この申請書に記載した次の事項（◎印欄）は、適格請求書発行事業者登録簿に登載されるとともに、国税庁ホームページで公表されます。
1　申請者の氏名又は名称
2　法人（人格のない社団等を除く。）にあっては、本店又は主たる事務所の所在地
　なお、上記1及び2のほか、登録番号及び登録年月日が公表されます。
　また、常用漢字等を使用して公表しますので、申請書に記載した文字と公表される文字とが異なる場合があります。

　下記のとおり、適格請求書発行事業者としての登録を受けたいので、所得税法等の一部を改正する法律（平成28年法律第15号）第5条の規定による改正後の消費税法第57条の2第2項の規定により申請します。
　※　当該申請書は、所得税法等の一部を改正する法律（平成28年法律第15号）附則第44条第1項の規定により令和5年9月30日以前に提出するものです。

　令和5年3月31日（特定期間の判定により課税事業者となる場合は令和5年6月30日）までにこの申請書を提出した場合は、原則として令和5年10月1日に登録されます。

事　業　者　区　分	この申請書を提出する時点において、該当する事業者の区分に応じ、□にレ印を付してください。 □　課税事業者　　　　　□　免税事業者 ※　次葉「登録要件の確認」欄を記載してください。また、免税事業者に該当する場合には、次葉「免税事業者の確認」欄も記載してください（詳しくは記載要領等をご確認ください。）。
令和5年3月31日（特定期間の判定により課税事業者となる場合は令和5年6月30日）までにこの申請書を提出することができなかったことにつき困難な事情がある場合は、その困難な事情	
税　理　士　署　名	（電話番号　－　－　）

※税務署処理欄	整理番号		部門番号		申請年月日	年　月　日	通信日付印　　確認 　年　月　日
	入力処理	年　月　日	番号確認		身元確認	□ 済 □ 未済	確認書類　個人番号カード／通知カード・運転免許証 その他（　　　　　　）
	登録番号　Ｔ						

注意　1　記載要領等に留意の上、記載してください。
　　　2　税務署処理欄は記載しないでください。
　　　3　この申請書を提出するときは、「適格請求書発行事業者の登録申請書（次葉）」を併せて提出してください。

インボイス制度

第1－(1)号様式次葉

適格請求書発行事業者の登録申請書（次葉）

【2／2】

氏 名 又 は 名 称	

この申請書は、令和三年十月一日から令和五年九月三十日までの間に提出する場合に使用します。

	該当する事業者の区分に応じ、□にレ印を付し記載してください。				
免税事業者の確認	□　令和5年10月1日から令和11年9月30日までの日の属する課税期間中に登録を受け、所得税法等の一部を改正する法律（平成28年法律第15号）附則第44条第4項の規定の適用を受けようとする事業者 ※　登録開始日から納税義務の免除の規定の適用を受けないこととなります。				

個 人 番 号					
事業内容等	生年月日（個人）又は設立年月日（法人）	○明治 ○大正 ○昭和 ○平成 ○令和 　　年　　月　　日	法人のみ記載	事 業 年 度	自　　　月　　　日 至　　　月　　　日
				資 本 金	円
	事 業 内 容		登録希望日	（令和5年10月1日を希望する場合、記載不要） 令和　　年　　月　　日	

	□　消費税課税事業者（選択）届出書を提出し、納税義務の免除の規定の適用を受けないこととなる課税期間の初日から登録を受けようとする事業者	課 税 期 間 の 初 日 ※　令和5年10月1日から令和6年3月31日までの間のいずれかの日 令和　　年　　月　　日

登録要件の確認	課税事業者です。 ※　この申請書を提出する時点において、免税事業者であっても、「免税事業者の確認」欄のいずれかの事業者に該当する場合は、「はい」を選択してください。	□ はい　□ いいえ
	納税管理人を定める必要のない事業者です。 （「いいえ」の場合は、次の質問にも答えてください。）	□ はい　□ いいえ
	納税管理人を定めなければならない場合（国税通則法第117条第1項） 【個人事業者】　国内に住所及び居所（事務所及び事業所を除く。）を有せず、又は有しないこととなる場合 【法人】　国内に本店又は主たる事務所を有しない法人で、国内にその事務所及び事業所を有せず、又は有しないこととなる場合	
	納税管理人の届出をしています。 「はい」の場合は、消費税納税管理人届出書の提出日を記載してください。 消費税納税管理人届出書　（提出日：令和　　年　　月　　日）	□ はい　□ いいえ
	消費税法に違反して罰金以上の刑に処せられたことはありません。 （「いいえ」の場合は、次の質問にも答えてください。）	□ はい　□ いいえ
	その執行を終わり、又は執行を受けることがなくなった日から2年を経過しています。	□ はい　□ いいえ
参考事項		

　この申請書に記入をして、インボイス登録センターに郵送することになります。このセンターは、全国12か所となっており、それぞれ、下記のような先に郵送します。

各局（所）	管轄地域
札幌国税局インボイス登録センター 063-8540　札幌市西区発寒4条1丁目7番1号	北海道
仙台国税局インボイス登録センター 980-8430　仙台市青葉区本町3丁目3番1号仙台合同庁舎A棟	青森県　岩手県　宮城県　秋田県 山形県　福島県
関東信越国税局インボイス登録センター 344-8680　春日部市大沼2丁目12番地1	茨城県　栃木県　群馬県　埼玉県 新潟県　長野県
東京国税局インボイス登録センター 262-8514　千葉市花見川区武石町1丁目520番地	千葉県　東京都　神奈川県　山梨県
金沢国税局インボイス登録センター 920-8527　金沢市戸水2丁目30番地 （金沢国税局戸水分庁舎）	富山県　石川県　福井県
名古屋国税局インボイス登録センター 461-0001　名古屋市東区泉1丁目17番8号	岐阜県　静岡県　愛知県　三重県
大阪国税局インボイス登録センター 550-8526　大阪市西区川口2丁目7番9号	滋賀県　京都府　大阪府　兵庫県 奈良県　和歌山県
広島国税局インボイス登録センター 730-8521　広島市中区上八丁堀6番30号 広島合同庁舎1号館	鳥取県　島根県　岡山県　広島県 山口県
高松国税局インボイス登録センター 760-0018　高松市天神前2番10号高松国税総合庁舎	徳島県　香川県　愛媛県　高知県

福岡国税局インボイス登録センター 810-8659 福岡市中央区天神4丁目8番28号	福岡県　佐賀県　長崎県
熊本国税局インボイス登録センター 862-8686　熊本市東区東町3丁目2番53号	熊本県　大分県　宮崎県　鹿児島県
沖縄国税事務所インボイス登録センター 900-8554 那覇市旭町9番地沖縄国税総合庁舎	沖縄県

Point
まとめ

WEB提出の場合、登録番号をe-Taxでの通知で知らせてもらう方法と、書面で郵送してもらう方法が選択できます。どちらが着実に取得できるか、企業によって検討したうえで、選択してください。

section **Ⅲ**

電子取引の保存と宥恕期間

1　電子取引とはどのようなものですか

　電子取引とは、取引情報の授受を電磁的な方式により行う取引をいうとされています。取引情報とは、取引に関して受領し、又は交付する注文書、契約書、送り状、領収書、見積書その他これらに準ずる書類に通常記載される事項です（法2五）。EDIのような電子商取引のようなものが典型例かもしれませんが、その他、電磁的な方式であれば、あらゆる取引が電子取引とされることになります。私は、典型的な電子取引と単発的・非定型的な電子取引という2区分を想定すると電子取引に関する電子帳簿保存法の対応策が見えてくると考えます。

(1)　典型的な電子取引

　典型的な電子取引とは、次の図のような電子商取引、EDI取引のようなものです。

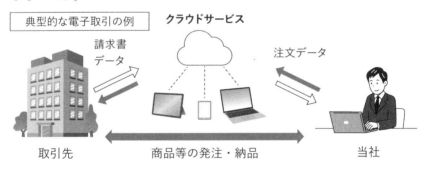

　当社から発注データが電子商取引機能を提供するクラウドサービスを通じて取引先に送信され、取引先が商品等の納品を行います。そして、請求書データがクラウドサービス経由で当社に送信されることで、会社では書面を手にすることなく、仕入計上や支払業務ができるという仕組みです。

　取引先側でも、発注データを受信すると、営業部に伝達されるだけで

なく、出荷部門へも伝達されることで、社内での書面のやり取りなく、スムーズに出荷、請求の業務が行えることになります。

こうした電子商取引システムにおいて、特定の企業間での電子取引を実現するような自社開発による電子商取引システムでは、やり取りされる取引情報の保存機能が弱かった場合があります。このようなシステムでは、令和3年度改正の電子帳簿保存法に短期間で対応することが困難だった可能性があり、3で述べる2年間の宥恕期間が必要となる企業もあったものと推測されています。

(2) 単発的・非定型的な電子取引

次に単発的・非定型的電子取引です。

単発的・非定型的電子取引の例

得意先 請求書など メール添付 当社 電子保存 PDF

この図のように得意先から請求書等のPDFファイルがメール添付で送られてくるような取引です。メール添付ではなく、メールの本文の中に「××の商品を○個、発注いたしますので、A事業所の方へ配送していただくようお願いいたします。」といった記載があれば、注文書に相当する取引情報ですから、メール本文を何らかの形で保存しなければなりません。注文書が送られてくる場合、電話を受けて受注書を記入する場合、FAXで注文書が到着するといったやり取りに対して、単発的・非定型的といえるのではないでしょうか。こうした取引を漏れなく拾い上げて、電子取引として電磁的記録による保存をするのは困難であるわけです。

このほか、ネット通販で物品を購入した場合、航空券やホテルの予約

をした場合には、次のような電子取引が行われることになります。

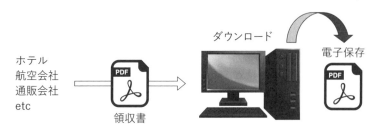

　ネット通販や予約サイトでは、購入や予約の結果としての領収書をダウンロードできるようになっています。これをダウンロードした場合には、電子取引として電子保存が求められることになるわけです。

　こうした取引は、文具などの購入のように会社の総務等の担当が法人契約として実行するものもありますが、外出や出張等がある従業員によって行われて経費精算や旅費精算書によって会社で経費計上してくるものもあるはずです。多くの従業員が関わるため、2年間の宥恕期間でルールを作り、社内全体に周知していく必要があります。

Point
まとめ

電子取引というものは想定以上に企業取引の中に浸透していたことになります。しかも、さまざまな類型があり、一括りに電子取引というのも難しいものだと気づかされたのではないでしょうか。

2　電子取引の保存義務についての実務の混乱とは

　電子帳簿保存法における電子取引の保存は、電子帳簿、電子書類、スキャナ保存と違って、義務規定です。電子取引をしたならば、書面ではなく、電子保存が求められるという改正が令和3年度税制改正で行われました。

　電子帳簿保存法第7条では、「所得税及び法人税に係る保存義務者は、電子取引を行った場合には、財務省令で定めるところにより、当該電子取引の取引情報に係る電磁的記録を保存しなければならない」と定められています。令和3年度税制改正で第7条の条文から、改正前第10条にあった但書きが削除されています。この但書きの部分には、「ただし、財務省令で定めるところにより、当該電磁的記録を出力することにより作成した書面又は電子計算機出力マイクロフィルムを保存する場合は、この限りでない。」と書かれていました。この廃止が大きな問題を引き起こすことになりました。1で解説したように、典型的な電子取引だけでなく、単発的・非定型的な電子取引は、中小企業も含め多くの企業で利用されており、効率的に電子保存を行う準備がまったくできていなかったからです。

　それでは、なぜ、このような改正が行われたのでしょうか。政府税制調査会では、中小企業の会計水準の向上の必要性についての議論が行われてきています。たとえば、「取引相手から請求書・領収書等がデジタルデータで送られ、それをデータのまま保存できることが納税者の利便になり、税務手続の電子化を進めるうえでも重要」といったテーマが出ています。中小企業で利用されている会計ソフトなどの提供企業からもAIの活用なども含めて、中小企業でも会計システムを活用することで、経理水準の向上が実現するといったプレゼンテーションが行われています。

　こうした流れの中で、財務省の税制改正の解説での、今回の但書きの

削除という改正の部分を読んでみましょう。「出力書面等については、真実性の確保の要件を満たす措置を行う必要がありませんでしたが、税務手続の電子化を進める上での電子取引の重要性に鑑み、他者から受領した電子データとの同一性が十分に確保されないことから、出力書面等による保存措置を廃止することとされた」[1]となっています。一般的な電子商取引、EDI取引は、大量の受発注の取引データをやり取りする上で、書面では処理しきれない量をやり取りするわけで、電子保存となるのは必然ではあります。しかし、経理システムというよりは、業務システムであるがゆえに受発注、生産、納品、請求といった業務を進める機能は充実していても、取引情報を保存するという観点での機能が不十分なシステムも多かったというのが国税庁側の不満だったのかもしれません。

　昨今のIT化、デジタルトランスフォーメーションといった流れ、コロナ禍でのテレワークの必要性といった状況から、いよいよ保存義務化を明確に打ち出してもよいのではないかというタイミングだったのではないでしょうか。しかし、改正をしてみると、想定していたEDI取引をしている企業外からも大きな反発があったという風に見えます。

Point
まとめ

電子取引に関して、原始証憑はなにかといえば、電子取引に係る電磁的記録ということになります。これを保存することなく、書面で出力しても、真実性の確保はできません。

※1　財務省「令和3年度税制改正の解説」P.980

3 令和4年度改正での宥恕期間とはなんですか

　この義務化を織り込んだ電子帳簿保存法の改正案が成立すると、経理業界において実務が回らなくなることを懸念する声が高まりました。1つには、電子商取引のシステムにおいて、取引情報の電磁的記録の保存の仕様が不十分だったとすれば、それをシステム改修する必要があり、そのために改正から9か月で施行では、厳しいというのがあります。

　これとは別に、ネット通販、航空券やホテルのネット予約、あるいは請求書をPDFにしたものをメール添付で送るといった行為も電子取引に含まれるということがより多くの人の知るところとなりました。Webサイトからダウンロードしたファイルやメール添付のPDFファイルを真実性の確保、検索可能性を保持した形で保管するためには、手作業で管理簿を作成したり、ファイル名を検索可能な形に変更するといった手作業が必要であることが一問一答で明らかになりました。電子化のために、手作業が増えるというのも矛盾した話です。これを何らかの形で、自動化する、半自動化する経理システムや帳票管理システムの開発、普及が必要だというのが実務界の意見だったと思います。

　この結果、電子取引の保存義務の施行に宥恕期間を設けるという対応が令和3年の年末に打ち出され、電子帳簿保存法施行規則第4条第3項が修正されました。納税地等の所轄税務署長が当該財務省令で定めるところに従って電子保存することができなかったことについて、やむを得ない事情があると認めた場合で、かつ、当該電磁的記録を出力することにより作成した書面の提示若しくは提出の要求に応じることができるようにしているときには、電磁的記録の保存があったと認めるということになったのです。この作成した書面は、整然とした形式及び明瞭な状態で出力されたものに限りますので、電子取引のデータをベタ打ちしたようなリストを出しても認めてはもらえません。

　この施行規則の改正とともに取扱通達も追加されました。

> （宥恕措置における「やむを得ない事情」の意義）
>
> 7－10　電子計算機を使用して作成する国税関係帳簿書類の保存方法等の特例に
> 関する法律施行規則の一部を改正する省令（令和3年財務省令第25号）附則第2
> 条第3項（（経過措置））の規定により読み替えて適用される規則第4条第3項（（電
> 子取引の取引情報に係る電磁的記録の保存に関する宥恕措置））に規定する「やむ
> を得ない事情」とは、電子取引の取引情報に係る電磁的記録の保存に係るシステム
> 等や社内でのワークフローの整備未済等、保存要件に従って電磁的記録の保存を行
> うための準備を整えることが困難であることをいう。

　まず、「やむを得ない事情」ですが、電子取引の取引情報に係る電磁
的記録の保存に係るシステム等や社内でのワークフローの整備が間に合
わない等、保存要件に従って電磁的記録の保存を行うための準備を整え
ることが困難であることをいうとされています。これまで、「やむを得
ない事情」という表現が使われた場合は、災害による道路の寸断や通信
の途絶といった極めてまれな事象でなければやむを得ない事情とは認め
てもらえない傾向がありましたが、「電子保存の機能がシステムに備わっ
ていなかった」という事情でも大丈夫ということになっています。しか
し、電子取引保存の義務規定は、1998年の電子帳簿保存法の誕生時か
ら存在していました。それから20年以上も経過して、そうした電子取
引の取引情報の保存ができないようなシステムが利用されていたこと自
体が驚きですが、それが実務の実態だったということになります。

> （宥恕措置適用時の取扱い）
>
> 7－11　電子計算機を使用して作成する国税関係帳簿書類の保存方法等の特例に
> 関する法律施行規則の一部を改正する省令（令和3年財務省令第25号）附則第2
> 条第3項（（経過措置））の規定により読み替えて適用される規則第4条第3項（（電
> 子取引の取引情報に係る電磁的記録の保存に関する宥恕措置））の規定の適用に
> 当たって、電子取引の取引情報に係る電磁的記録の保存を要件に従って行うことが
> できなかったことについてやむを得ない事情があると認められ、かつ、その電磁的記録
> を出力することにより作成した書面（整然とした形式及び明瞭な状態で出力されたもの

に限る。）の提示又は提出の要求に応じることができる場合には、その出力書面等の保存をもってその電磁的記録の保存を行っているものとして取り扱って差し支えない。

　こちらでは、電子取引の取引情報に係る電磁的記録の保存を要件に従って行うことができなかったことについてやむを得ない事情があると認められれば、そして、その電磁的記録を整然とした形式及び明瞭な状態で出力することにより作成した書面の提示又は提出の要求に応じることができる場合には、その出力書面等の保存をもってその電磁的記録の保存を行っているものとして取り扱って差し支えないとされています。

Point
まとめ

会計システムの業界でも国への要望書を出したりした結果として打ち出された宥恕期間です。2年間程度の準備が必要だということでの宥恕期間であり、この間にどのような準備をするかが重要です。「当分、保存義務はないんだ」というような姿勢では困ります。

4 宥恕期間にどのようなことをしたらよいのでしょうか

　宥恕期間にすべきことですが、電子取引の態様が2つあるので、それによって対応が異なることになります。

(1)　典型的な電子取引
　電子商取引のシステムが検索性ないし真実性確保のための要件を充足していないため、改修を要する状況にある場合

(2)　単発的・非定型的電子取引
　メール添付やダウンロードで入手される電子取引の電子データを

大幅な手作業によることなく保存するシステム的手段を保持していない場合

　(1)については、改修をするか、検索性等の要件を満たしている電子商取引システムに乗り換えるかの二者択一ということになります。

　(2)については、次の2つの段取りが必要となります。

①　単発的・非定型的電子取引があるのか、ないのかを調べ、どのような取引がどれくらいあるのかを把握する

②　①の調査による電子取引の文量にもより、適切なシステムの有無を調査し、それを導入するか、手作業で管理するかを検討する

　これが、宥恕期間の2年間の間に行うべき作業ということになります。それでは、(2)について調査などは、具体的にどうするのでしょうか。社内の備品や文具の購入であれば、総務部や総務に関する仕事を担当している従業員に聞けばすむ話です。しかし、出張や外出時の鉄道やホテル、タクシーの予約サイトなどを考えると、全従業員に聞いてみる必要があるはずです。

　社内アンケートの例を作成してみましたので、掲げてみます。この結果を受けて、電子取引のボリュームや範囲を把握します。それに応じて、旅費・経費精算システムを導入するとか、メール添付の請求書等の管理システムとして販売管理や購買管理と一体化するシステムで処理をする、会計システムに付随するシステムを導入するといった判断ができるようになるものと思われます。

Point
まとめ

このアンケートは、具体的なサービス名などを入れていることで電子取引のイメージを回答者にも伝えることを意図しています。

電子取引に関する社内調査票

　社内で行われている電子取引の状況について調査しますので、全員、提出をお願いいたします。

1. メールによる注文書、注文請書、納品書、請求書、検収書などの受領の有無

	はい	いいえ
メール本文に取引情報が書かれたメールを受け取っている	□	□
メールに添付されたファイルで受け取っている	□	□

2. 上記1で「はい」と答えた場合、何社から月に何通くらいですか ＿＿＿＿社 ＿＿＿＿通

3. メールによる注文書、注文請書、納品書、請求書、検収書などの送付の有無

	はい	いいえ
メール本文に取引情報が書かれたメールを発信している	□	□
メールに添付してファイルを送信している	□	□

4. 上記3で「はい」と答えた場合、何社に月に何通くらいですか ＿＿＿＿社 ＿＿＿＿通

5. 出張の際にホテルや航空券の予約、タクシーの利用にあたって、下記のようなインターネットでの予約サイトは利用していますか。

　　□ JAL 　　□ ANA 　　□その他の航空会社（　　　　　）
　　□楽天トラベル 　　□一休 　　□じゃらん 　　□ JTB 　　□とりばご
　　□アパホテル 　　□東横イン 　　□その他ホテル予約サイト（　　　　　　）
　　□えきねっと 　　□スマートEX 　　□その他鉄道予約サイト（　　　　　）
　　□ GO（タクシー） 　　□ S.RIDE 　　□その他タクシー（　　　　　）

6. 社内の備品、消耗品、飲料、書籍などの購入に当たり、下記のようなインターネットでの販売サイトは利用していますか。

　　□ amazon 　　□楽天市場 　　□ Yahoo! ショッピング 　　□カウネット
　　□ ASKUL 　　□たのめーる 　　□モノタロウ 　　□ロハコ
　　□その他（　　　　　）

　　　　　　　　　　　　　　　　　部署＿＿＿＿＿＿＿＿＿＿
　　　　　　　　　　　　　　　　　氏名＿＿＿＿＿＿＿＿＿＿＿

5　電子取引の保存要件とはどのようなものですか

　それでは、あらためて、電子取引の保存要件について考えてみましょう。保存要件は、大きく分けると、①電子計算機処理システムの開発関係書類等の備付け、②可視性の確保（見読可能装置の備付け等）、③検索機能の確保、④真実性の保持の４つです（規則４①）。これを図表で示すと次のようになります。

●図表７　電子取引の保存要件

① 電子計算機処理システムの開発関係書類等の備付け
② 可視性の確保（見読可能装置の備付け等）
③ 検索機能の確保 ⅰ　取引日その他の年月日、取引金額及び取引先名を検索の条件として設定できる ⅱ　日付又は金額に係る記録項目については、その範囲を指定して条件設定 ⅲ　2以上の任意の記録項目を組み合わせて条件を設定することができる 　ただし、質問検査権に基づく電磁的記録のダウンロードの求めに応じる場合には、ⅱとⅲの要件は不要。また、判定期間（前々年）における売上高1000万円以下である保存義務者が電磁的記録のダウンロードの求めに応じる場合は、検索機能はすべて不要
④ 真実性の保持 ⅰ　タイムスタンプ付与後、取引情報授受 ⅱ　授受後遅滞なく、タイムスタンプ付与並びに保存関係者情報保持 ⅲ　訂正・削除不可またはその履歴保持 ⅳ　正当な理由がない訂正及び削除の防止に関する事務処理の規程を定め、運用

　①の電子計算機処理システムの開発関係書類等の備付けについては、自社で開発したシステムを利用していない限り、特に必要な準備はありません。②の可視性の確保については、パソコン、ディスプレイ、プリンタ、閲覧のためのシステム、これらの操作説明書が必要となります。

③の検索性と④の真実性については、詳細な解説が必要ですので、次の6・7で解説することにします。

6 検索可能性の措置とはどのようなものですか

　検索性の確保は、典型的な電子取引においては必須の機能です。大量に取引情報をやり取りするからこその電子取引ですから、さまざまな条件で検索できることは税務上の要件というだけでなく、企業の実務を行う上でも必要となります。そうした中で、「3月16日から31日の取引で1件10万円以上の納品書を検索する」といった機能が求められるのは言うまでもありません。

　これに対して、検索性の確保の要件は、単発的・非定型的な電子取引に関して、大きな障壁として受け止められました。PDFファイルの請求書をメール添付で受け取ったような単発的・非定型的電子取引の場合、真実性の確保は、事務処理の規程に沿った運用によりクリアできますが、検索性については、何らかの形で検索ができるようにしておかなければなりません。電子商取引システムであれば、システムの改修をして検索機能を確保するか、こうした機能を持った電子商取引システムに乗り換えるということになります。いずれもコストがかかるものの、電子商取引システムを利用するくらいですから、相応の取引量があります。コストはかかっても、業務の遂行上において検索性の機能が向上することになるため、メリットを感じることができます。

　それに対して、単発的・非定型的電子取引の場合、システム的な対応を求められても難しい側面があります。メールの添付ファイルやネット

通販サイトからダウンロードしたPDFファイルをそのまま保存しても、検索性の要件を満たすことができません。一問一答電子取引の問43では、図表のような検索簿の作成により検索性の確保をする例示が紹介されています。

●図表8　検索簿の例

連番	日付	金額	取引先	備考
①	20210131	110000	㈱霞商店	請求書
②	20210210	330000	国税工務店㈱	注文書
③	20210228	330000	国税工務店㈱	領収書
④				
⑤				
⑥				
⑦				
⑧				

　また、ファイル名の付け替えにより検索機能を満たすというのは、たとえば、2022年（令和4年）8月31日付の株式会社霞商事からの20,000円の請求書データの場合であれば、「20220831_㈱霞商事_20000.pdf」といったファイル名に変更したうえで、請求書ファイルの保管場所であるフォルダに保存するという意味合いです。取引年月日等は、和暦なり西暦なりに統一しないと抽出作業の妨げとなりますし、年月も「20220531」と「2022531」といった記載が混在すると抽出が困難になると思われます。

　いずれの方法による場合も手作業が必要になります。

Point
まとめ

PDFファイルなどをパソコンのデスクトップ上のアイコンに放り込むとそのアプリケーションがAIを利用しながら、日付、金額、取引先などを把握して、自動で検索簿を作成してくれるといいのに、と思ったりします。

7　真実性の確保とはなんでしょうか

　電磁的記録の真実性の確保の要件とは、当該書面を保存すべきこととなる場所に、当該書面を保存すべきこととなる期間、次に掲げる措置のいずれかを行い保存をすることです。

① 　当該電磁的記録の記録事項にタイムスタンプが付された後、当該取引情報の授受を行うこと

② 　当該取引情報の授受後遅滞なく、当該電磁的記録の記録事項にタイムスタンプを付すとともに、当該電磁的記録の保存を行う者又はその者を直接監督する者に関する情報を確認することができるようにしておくこと

③ 　次に掲げる要件のいずれかを満たす電子計算機処理システムを使用して当該取引情報の授受及び当該電磁的記録の保存を行うこと

　　イ　当該電磁的記録の記録事項について訂正又は削除を行った場合には、これらの事実及び内容を確認することができること

　　ロ　当該電磁的記録の記録事項について訂正又は削除を行うことができないこと

④ 　当該電磁的記録の記録事項について正当な理由がない訂正及び削除の防止に関する事務処理の規程を定め、当該規程に沿った運用を行い、当該電磁的記録の保存に併せて当該規程の備付けを行うこと

　電子取引による電磁的記録が訂正または削除がなされていない、もしくは訂正または削除の履歴が確認できるということは、改変の証跡が判明しにくい電磁的記録自体の特性上、必要な条件ということになります。ただし、電子取引の態様や企業側の管理の状況に合わせて対応できるように4つの方法が列挙されているのだと考えられます。

　タイムスタンプを付したうえで電子取引の取引情報の電磁的記録を送付してくれれば、①の要件に該当して、真実性はクリアされます。また、取引情報の電磁的記録を受領した側でタイムスタンプを付す等の措

置をとっても真実性の確保は可能です。タイムスタンプを付すというのが困難である場合、訂正削除ができない、もしくは訂正削除の履歴が残るようなシステムを利用していれば、③により真実性はクリアできます。以上は、システム的な真実性確保の手法です。

　これに対して、④の正当な理由がない訂正及び削除の防止に関する事務処理の規程を定め、当該規程に沿った運用を行うというのは、企業の内部統制に依拠することで真実性を確保しようというものです。典型的な電子取引を行っているシステムでタイムスタンプの付与や訂正削除についての機能を実装するのが困難である場合などは、この④の手法によることになります。しかし、2年間の宥恕期間が設けられた以上は、典型的な電子取引の場合は、①から③のシステム的な真実性確保が望ましいことになります。また、非定型的・単発的な電子取引の場合も電子ファイル保存のためのシステムを使わないようなら④によることになります。

Point
まとめ

PDFファイルの請求書をメール添付で受け取ったような単発的・非定型的電子取引の場合、④の事務処理の規程に沿った運用により真実性を確保せざるを得ない場合も多いものと思われます。

8 訂正及び削除の防止に関する事務処理の規程はどのように作成しますか

　単発的・非定型的な電子取引の保存においては、正当な理由がない訂正及び削除の防止に関する事務処理の規程を定め、当該規程に沿った運用を行うことが真実性の確保を考えるうえで、重要になります。この事務処理の規程とは、どのようなものを整備したら良いのでしょうか。これについては、電子帳簿保存法一問一答【電子取引関係】の中で例示がありますので、このうち法人に対する例を紹介します（一問一答電子取引 - 問28）。

電子取引データの訂正及び削除の防止に関する事務処理規程

第1章　総則

（目的）

第1条　この規程は、電子計算機を使用して作成する国税関係帳簿書類の保存方法の特例に関する法律第7条に定められた電子取引の取引情報に係る電磁的記録の保存義務を履行するため、○○において行った電子取引の取引情報に係る電磁的記録を適正に保存するために必要な事項を定め、これに基づき保存することを目的とする。

（適用範囲）

第2条　この規程は、○○の全ての役員及び従業員（契約社員、パートタイマー及び派遣社員を含む。以下同じ。）に対して適用する。

（管理責任者）

第3条　この規程の管理責任者は、●●とする。

第2章　電子取引データの取扱い

（電子取引の範囲）

第4条　当社における電子取引の範囲は以下に掲げる取引とする。

　　一　　ＥＤＩ取引

　　二　　電子メールを利用した請求書等の授受

　　三　　■■（クラウドサービス）を利用した請求書等の授受

　　四　　・・・・・・

記載に当たってはその範囲を具体的に記載してください。

（取引データの保存）

第５条　取引先から受領した取引関係情報及び取引相手に提供した取引関係情報のうち、第６条に定めるデータについては、保存サーバ内に△△年間保存する。

（対象となるデータ）

第６条　保存する取引関係情報は以下のとおりとする。

　　一　　見積依頼情報

　　二　　見積回答情報

　　三　　確定注文情報

　　四　　注文請け情報

　　五　　納品情報

　　六　　支払情報

　　七　　▲▲

取引先等とデータでやりとりしたもののうち、取引情報（取引に関して受領し、又は交付する注文書、契約書、送り状、領収書、見積書その他これらに準ずる書類に通常記載される事項）が含まれるデータについては、全て要件に従ってデータのまま保存していただく必要がありますのでご注意ください。

（運用体制）

第７条　保存する取引関係情報の管理責任者及び処理責任者は以下のとおりとする。

　　一　　管理責任者　　○○部△△課　課長　ＸＸＸＸ

　　二　　処理責任者　　○○部△△課　係長　ＸＸＸＸ

（訂正削除の原則禁止）

第8条　保存する取引関係情報の内容について、訂正及び削除をすることは原則禁止とする。

（訂正削除を行う場合）

第9条　業務処理上やむを得ない理由によって保存する取引関係情報を訂正または削除する場合は、処理責任者は「取引情報訂正・削除申請書」に以下の内容を記載の上、管理責任者へ提出すること。

一　申請日

二　取引伝票番号

三　取引件名

四　取引先名

五　訂正・削除日付

六　訂正・削除内容

七　訂正・削除理由

八　処理担当者名

2　管理責任者は、「取引情報訂正・削除申請書」の提出を受けた場合は、正当な理由があると認める場合のみ承認する。

3　管理責任者は、前項において承認した場合は、処理責任者に対して取引関係情報の訂正及び削除を指示する。

4　処理責任者は、取引関係情報の訂正及び削除を行った場合は、当該取引関係情報に訂正・削除履歴がある旨の情報を付すとともに「取引情報訂正・削除完了報告書」を作成し、当該報告書を管理責任者に提出する。

5　「取引情報訂正・削除申請書」及び「取引情報訂正・削除完了報告書」は、事後に訂正・削除履歴の確認作業が行えるよう整然とした形で、訂正・削除の対象となった取引データの保存期間が満了するまで保存する。

附則

（施行）

第10条　この規程は、令和○年○月○日から施行する。

9 単発的・非定型的な電子取引での 真実性確保はどうしたらよいのでしょうか

7で解説したように真実性の確保のためには以下の４つのいずれかを確保することが必要です。

① タイムスタンプ付与後、取引情報授受

② 授受後遅滞なく、タイムスタンプ付与並びに保存関係者情報の保持

③ 訂正・削除不可またはその履歴保持

④ 正当な理由がない訂正及び削除の防止に関する事務処理の規程を定め、運用

たとえば、次のような取引ではどうなるでしょうか。

得意先　　請求書など　　当社　　電子保存
メール添付

　得意先からのメールに請求書がPDFファイルなどで作成されて添付されてくるという取引です。得意先がPDFにタイムスタンプを付してくれれば①が成立しますが、現状期待はできません。②の受領者がタイムスタンプを付すかといえば、これもわざわざタイムスタンプの提供会社との契約をしなければならず無理だと考えられます。メールログ自体も、そこから添付ファイルを別の形に保存したファイルも、通常は、訂正削除ができてしまいます。PDFファイルをファイル管理のための専用システムを所有していればそのシステムが②ないし③の措置を備えているはずですが、そうしたシステムを備えるほど大量には電子取引がないからこそ「単発的・非定型的な電子取引」なので、これも期待できま

せん。

　結局は、④の規程を用意して、正当な理由がない訂正及び削除が行われることがないように頑張ろう・・・という対応をすることになります。

　もう１つ例を挙げます。

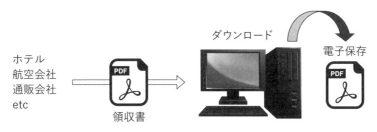

　航空券の予約をネット経由で行ったような場合、領収書をダウンロードできる場合があります。このダウンロードした行為は電子契約なので、ダウンロードしたPDFを真実性を確保して保存しなければなりません。これも前の例と同じく④の方法になるかもしれませんが、もしかすると航空会社やホテルの予約サイトがタイムスタンプ付きのPDFファイルでダウンロードできるように配慮してくれるようになれば、①の方法での真実性の確保が実現します。

Point
まとめ

せっかく電子取引を行っているのに最後の保存のプロセスで手作業が生じるのがなんとも残念です。宥恕期間の間に、安価なファイル管理システムが誕生してくれることを願っています。

10 電子取引は、相手もあることでなかなか踏み切るのが難しいのですが

　電子取引は、取引相手との取引を電子化することですから、確かに取引相手に提案し、賛同してもらえなければ自社だけで導入するということができません。しかし、取引先にとってもメリットのある話なので、交渉・折衝・説得をしながら電子取引に移行する、それまでは電子書類の保存やスキャナ保存を活用して、最終的に電子取引を目指すという流れが現実的な姿かもしれません。業務の負担になっている書類から優先して検討してみるのも一つの手です。

● 図表9　電子取引に至るまでの段階的な移行

負担になる書類（現状）	第一段階	第二段階
大量に発行する書類の印刷、交付の手間が負担になっている	取引先に交付する書類だけ印刷して、自社の控えは電子書類の保存に切り替える	電子取引に移行して、書面の作成自体が消滅する
大量に送られてくる書類の社内回付、処理、保存が負担になっている	受領した書類をスキャナ保存を利用して、電子データにして、原本は破棄する	電子取引に移行して、書面の受領自体が消滅する

（筆者作成）

　図表のように大量に発行する書類が業務上の負荷になっているという場合、一足飛びに電子取引に移行するのではなく、まず、第一段階として自社の控えの書類を出力せずに電子保存すること、すなわち書類の電子保存を行います。そして、取引先も大量の書類で困っているはずなので、徐々に説得して、第二段階として電子取引への移行を進めます。ま

た、大量の送られてくる書類の取扱いに困るようであれば、第一段階としてはスキャナ保存を行い、電子化した後の業務の効率化を実現します。そして、取引先に交渉して、電子取引への移行を提案して、第二段階で電子取引に移行することで、スキャナでの読み取り作業を省くことができるようになります。このように最終段階を電子取引とする目標を置きつつも、取引先の事情等も勘案しながら、途中段階では電子書類の保存、スキャナ保存など自社の判断で導入できる電子化を選択していくといった長期的な展望で進めることが望まれます。

Point
まとめ

> このように書類の電子保存、スキャナ保存、電子取引の3つをそれぞれどの業務に使うか？という発想ではなく、この業務を効率化するにはどの手法を使うか？という観点で進めることが望ましいことになります。そのため、次章以下のスキャナ保存や帳簿書類の電子保存もお読みいただくことが重要だということになります。

11　規模別データ保存の進め方 〜個人事業者・零細法人〜

　ここでの個人事業者・零細法人というのは、売上高1,000万円以下である事業者を前提としています。売上高1,000万円以上の個人事業者もたくさんいらっしゃいますが、1つのイメージとして掲げさせていただきました。売上高1,000万円以下の保存義務者の場合、5の保存要件で記載したように、電磁的記録のダウンロードの求めに応じる場合には、検索機能はすべて不要とされています。ということは、システム関係書類の整備、見読可能性の確保、真実性の確保の3つだけを確実に確保することに注力すれば、電子取引の保存が完了することになります。

　なお、消費税の免税業者の基準と少し異なるのは、「課税売上高」で

はなく「売上高」が1,000万円以下とされていることです（規則4①）。したがって、損益計算書の売上高で判断し、消費税のように雑収入や固定資産売却額などを含まない部分で判断することになります（一問一答電子取引‐問44）。

　また、この規模であれば、典型的な電子取引（1を参照）を行っていることは極めてまれですし、仮に行っていても、特定の1社との取引において、取引先から指定された電子取引のシステムを導入しているはずです。それであれば、この電子取引システムの真実性確保、検索性確保についての対応は、取引先の方がシステム開発をしているはずなので、取引先が宥恕期間の間に保存要件を満たすようなシステム改修をしてくれるはずです。

　そうなると、6で解説した検索簿などは不要で、送信したファイルの控え、受信したり、ダウンロードしたファイルを特定のフォルダなどに保管して、適切なバックアップによって紛失しないように留意すればよいということになります。

　なお、真実性確保については、正当な理由がない訂正及び削除の防止に関する事務処理の規程を定め、当該規程に沿った運用を行うことで対処することになるはずです。8で掲げた法人向けの例示より、簡易な事務処理の規程が一問一答電子取引‐問28で紹介されていますので、ここで掲げておくこととします。

電子取引データの訂正及び削除の防止に
関する事務処理規程

　この規程は、電子計算機を使用して作成する国税関係帳簿書類の保存方法の特例に関する法律第7条に定められた電子取引の取引情報に係る電磁的記録の保存義務を適正に履行するために必要な事項を定め、これに基づき保存することとする。

（訂正削除の原則禁止）

　保存する取引関係情報の内容について、訂正及び削除をすることは原則禁止
とする。

（訂正削除を行う場合）
　業務処理上やむを得ない理由（正当な理由がある場合に限る。）によって保
存する取引関係情報を訂正又は削除する場合は、「取引情報訂正・削除申請書」
に以下の内容を記載の上、事後に訂正・削除履歴の確認作業が行えるよう整然
とした形で、当該取引関係情報の保存期間に合わせて保存することをもって当
該取引情報の訂正及び削除を行う。
　　一　申請日
　　二　取引伝票番号
　　三　取引件名
　　四　取引先名
　　五　訂正・削除日付
　　六　訂正・削除内容
　　七　訂正・削除理由
　　八　処理担当者名

　この規程は、令和○年○月○日から施行する。

　この規程ひな型の通り、正当な事由があれば、削除や訂正が認められ
るわけで、その事由などを残しておけばよいということになります。逆
になんでもかんでも保存してあるだけだと、請求書を発行したものの金
額誤りなどで訂正を依頼された場合、あるいは品違いで返品になった場
合などにもそうした事由が記録に残っていない状態で、請求書（控）の
電磁的記録だけがあれば、税務調査等の際に売り上げの計上漏れではな
いかと追及されて困ることになります。
　書面の時代には、請求書控の綴りの中に間違ったものも綴っておき、
大きくバツ印を書いて、「品名違いのため、返品。再度、納品、請求」
といったメモが書かれていたりしたはずです。同じ趣旨のことをしてく

ださいということにすぎません。

Point
まとめ

この「取引情報訂正・削除申請書」は、そもそもQ&Aにおける例示なので、書面で作成しても、電子データで作成してもよいことになります。したがって、取引記録を電磁的記録を保存しているフォルダに申請書のファイルも一緒に保存しておいてもよいことになります。客先とのやり取りのメールなり電話メモなどもPDFや画像ファイルにして、申請書の中に貼り込んでもよいわけです。

| 12 | 規模別データ保存の進め方
〜電子取引が限定的な会社〜 |

　続いて、売上高1,000万円は超えているが、現状においては、電子取引は限定的な会社の場合の対処方法です。

　典型的な電子取引を行っていることがあるかもしれませんが、自ら主体的に展開しているのではなく、取引の関係上、電子商取引のシステムを使わざるを得ないという環境にあるというイメージです。たとえば、「自動車販売のディーラーがメーカーから提供される車両や修理部品の管理システムを使っていて、それが電子取引に該当する」とか「フランチャイズ加盟店としてFC本部への発注システムを供与されている」といったイメージです。それであれば、この電子取引システムの真実性確保、検索性確保についての対応は、取引先の方がシステム開発をしているはずなので、取引先が宥恕期間の間に保存要件を満たすようなシステム改修をしてくれるはずです。

　したがって、主要な問題は、非定型的・単発的な電子取引を行っている場合の検索性の確保となってくるはずです。**6**において、検索簿を作成する方法、ファイル名に検索項目を含める方法を紹介していますが、

もう1つ方法を提案してみます。

　プリンタドライバによっては、印刷しようとするファイルの名前をヘッダやフッタとしてプリントアウトできるものがあります。この場合、メール添付で送られてきた請求書のPDFやネット通販でダウンロードした領収書をプリントアウトして、その際にヘッダやフッタにファイル名を印字させます。そのうえで、出力した書面に取引先ごとのインデックスを付けて区分し、各社のインデックスの中では日付順のファイリングをします。

　このようにするとこのファイル自体が検索簿になります。取引先名での検索は、インデックスでできますし、各取引先の中がそれぞれ日付順にファイリングされていれば、日付での検索もできます。金額について検索したい場合もペラペラとファイルをめくればできなくはありません。そうして「このファイルを見たい」と思ったら、ヘッダなりフッタを見れば、ファイル名が印字されているので、電子データの保存場所にファイルが保存されていれば、それを探し出すことができます。

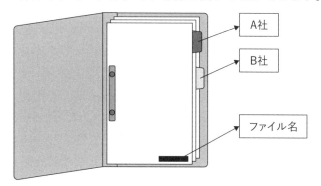

　図表がファイリングされた検索簿のイメージですが、この方式のメリットは、仕入や経費の計上や作業やチェックをこの検索簿の上で行ってもよく、電子データの方は、間違いなく特定のフォルダに保存しておけばよいため、従来からの業務の流れをほとんど変えないでよい点です。すなわち、作業結果としての証憑綴りが検索簿を兼ねているわけで

す。デメリットがあるとすれば、ファイル名をフッタにプリントアウトする機能がプリンタドライバにない場合には利用できないという点です。筆者が知っている範囲では、富士フイルムビジネスイノベーション（旧富士ゼロックス）の複合機のプリンタドライバにはファイル名を出力する機能が付いています。

　現段階では筆者のアイデアにすぎず、一問一答など国税庁からのお墨付きはありませんが、ここまで努力していれば、国税関係書類の保存がないとされ、その結果として青色申告の取り消しとなるといったことはありません。この点については、一問一答電子取引-問57で「青色申告の承認の取消しについては、保存要件の違反があったことをもって直ちに必ず行われるものではなく、「個人の青色申告の承認の取消しについて（事務運営指針）」「法人の青色申告の承認の取消しについて（事務運営指針）」に基づき、真に青色申告書を提出するにふさわしくないと認められるかどうか等を検討したうえで行うこととされていることが明記されています。

Point
まとめ

令和5年10月からのインボイス制度においては、電子取引に伴うインボイスは、書面に出力して保存してもよいこととなっており、万一、電磁的記録を保存すべきフォルダに保存しそこなったといった事故に備える保険としてもこの証憑ファイル＝検索簿方式はメリットがあるといえます。

13　規模別データ保存の進め方 〜主要な取引が電子取引による会社〜

　EDI、電子商取引と呼ばれる典型的な電子取引を利用して主たる業務を行っている会社の場合、小手先でなんとかすることはできず、電子取引の保存要件を満たした電子保存をすることを目指すことになります。こうした会社では、従業員数も多く、さまざまな形で非定型的・単発的な電子取引も、ある意味「定型的・連続的」に行われていることが推測されます。したがって、それぞれ抜本的な改革を宥恕期間の間に完了させる必要があります。

(1)　典型的な電子取引

　まず、確認すべきは、電子取引を行っているシステムの仕様の確認です。たとえば、購買取引において電子取引を利用している場合、注文データの送信、注文請書に相当するデータの受信、納品書データ、請求明細書データ、請求書データを受信しているはずです。こうした電磁的記録を最長7年間保存できるような仕様になっていないシステムもあったと言われています。というのは、注文して、必要な材料等を購入できて、支払いができることが主目的であり、かつ、経理ではなく購買部門で使われるシステムであり、会計的・税務的な観点からの仕様検討が行われないままにシステム開発がされている場合があるためです。市販の購買管理システムを利用している場合などは大丈夫なはずですが、自社開発の場合には、そこが最初の検討ポイントだと思われます。

　電子取引の保存自体ではありませんが、同様な観点から、仕入先元帳、買掛金台帳といった補助簿は、会計システムから出力されるのか、購買管理システムから出力されるのかという問題があります。どの仕入先からいつ、いくら仕入れたという情報を買掛金の補助コードなどを付したうえで、購買管理システムから会計システムにデータで渡している場合には、会計システムで仕入先ごとの仕入債務の増減を表示する買掛

金台帳を出力することができます。しかし、会計システムでは当月の仕入高、買掛金を総額で1行の仕訳で計上しているような場合、買掛金台帳の出力は、購買管理システムが担うことになります。こうした補助簿を出力できていない場合、そもそも青色申告の承認が取り消されるのではないかということすら、心配しなくてはなりません。

●図表10　業務管理システムに求められる2つの会計要素

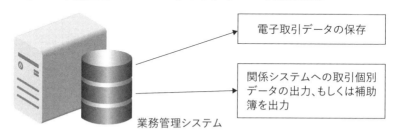

電子取引データの保存

関係システムへの取引個別データの出力、もしくは補助簿を出力

業務管理システム

　購買管理システムで補助簿を書面出力するのではなく、帳簿の電子保存で対応するのであれば、優良な電子帳簿の要件を満たすのか、一般の電子帳簿の要件を満たせばよいのかといったことも経理部門と打ち合わせておきたいものです。

　こうした検討のうえで、電子取引の保存について、真実性の確保、検索性の確保などの保存要件を満たせるようにシステム改修をしていくことになります。購買管理システムのデータの閲覧が工場でなければできないといった事情があれば、それも本社から閲覧できるような対処をしておくべきでしょう。青色申告法人は、帳簿については、納税地に保存することを求められているからです（法規59①一）。

⑵　非定型的・単発的な電子取引

　主要な取引が電子取引によって行われているような会社は、従業員数も多く、社内の様々な部署でメール添付での請求書のやり取りや従業員の経費・旅費精算に際しての電子取引が行われていると推測されます。

　このような規模の会社では、電子データによる証憑管理システムや電子データやスマホ撮影保存を利用した経費精算・旅費精算システムを導入するようになると思われます。

　こうしたシステムを導入するには相応の投資が必要だったり、月額の管理費用の支出も生じると思われますが、同時に社内の業務をペーパレス化することによる業務効率化が実現するものと思われます。本書のI章なども参考にしながら、電子取引に限らず、あらゆる文書を電子化していくようなアプローチを選択していくことがお勧めです。

Point
まとめ

電子取引の保存義務が登場した際、相応の規模の会社でありながら、電子取引があったら検索簿を作ろうという方針が出たという話を従業員の方から聞いたことがあります。「その検索簿は誰が作るの？」と大ブーイングだったそうですが、大きな組織でも「現状を変えない」ということを大原則とした意思決定しかできないのはしばしば目にするところです。

14 クレジットカードの利用明細書があれば電子データの保存は不要なのではないでしょうか

　クレジットカードの利用明細書は、電子データとしてダウンロードできるようになっていますが、これを行えば、当然に電子取引となります。一問一答電子取引-問4では、その旨と同時に利用明細に記載されている個々の取引についても、請求書・領収書等データ（取引情報）を電磁的に授受している場合には、クレジットカードの利用明細データ等とは別途、その保存が必要になる旨、解説されています。

　クレジットカードの取引は、法的には、加盟店が買い物をした利用者に有する代金債権をカード会社が買い取るという債権譲渡方式、もしく

は加盟店での買い物代金をカード会社が加盟店に立替払いを行い、第三者弁済を行った者として利用者に請求を行うという立替金方式という法律行為として営まれています。利用者が買い物をしたのは、あくまで加盟店においてです。クレジットカード会社は加盟店が有していた代金債権を取得して利用者に請求するという金融取引を行う存在です。この請求に当たって、どこの加盟店での代金を請求するのかを明らかにするのが利用明細書であり、これはカード会社とカード利用者の間の証憑であるということになります。令和5年10月からのインボイス制度になれば、加盟店でのインボイス登録番号が記載されていないため、インボイスとして認められないのは当然として、現行法においても、請求書等の要件を満たしていないということになります。

　消費税法では、課税仕入れ等の税額の控除に係る帳簿及び請求書等を保存しない場合には、当該保存がない課税仕入れ等については、仕入税額控除は適用しないと定められています（消法30⑦）。そして、請求書等とは、課税資産の譲渡等を行う他の事業者が当該事業者に交付する請求書、納品書その他の書類であるとされます（消法30⑨）。ある程度までは実質で判断してくれる法人税はともかくとして、消費税においては、現在でも帳簿及び請求書等の保存という仕入税額控除の要件を満たしていないことになります。国税庁の質疑応答事例においても、「クレジットカード会社がそのカードの利用者に交付する請求明細書等は、そのカード利用者である事業者に対して課税資産の譲渡等を行った他の事業者が作成・交付した書類ではありませんから、消費税法第30条第9項に規定する請求書等には該当しません。」とされています※2。

※2　https://www.nta.go.jp/law/shitsugi/shohi/18/05.htm

クレジットカードにおける三者の関係

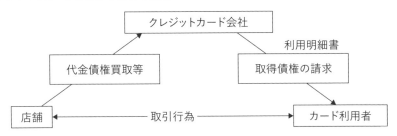

　ただし、現在は、課税仕入れに係る支払対価の額の合計額が３万円未満である場合には、帳簿のみの保存でよいという特例に救われていた面もあると思われます（消令49①一）。ただし、この取扱いは、令和5年10月以降のインボイス制度の施行の時点で消滅してしまいます。

　したがって、クレジットカードで支払う個々の取引が電子取引により行われた場合についても、請求書・領収書等データ（取引情報）を電磁的に授受している場合には、その電磁的記録を経理まで到達させるような仕組みを導入しておく必要があります。

　なお、領収書等のデータは、領収書等データを確認できることとなった時点が電子取引の授受があったタイミングだと考えられます。したがって、ダウンロードしなければデータの保存義務が生じないということはありません（一問一答電子取引-問39）。これは、書面の領収書の受領を遠慮したら領収書の保存義務を免れるといったことはあり得ないのと同じです。

Point
まとめ

電子データをダウンロードしなければよいのか？というQ&Aは、令和4年6月改定の一問一答で新規掲載されたものです。こうした質問まで国税庁に集まってくるのかと思うと驚きですが、それほどまでに電子保存を避けたいという納税義務者が多いということかと思います。

15 ETCで高速道路等を利用した場合も 電子取引になりますか

　クレジットカードでの支払いの中でも、ETCカードにより高速道路、有料道路を通行した場合というのは、料金所での停車がなく、証憑に相当するものの受け渡しがありません。したがって、一般的な取引と異なり、ETCカードにおけるインボイスはどのように取得するのかというところからスタートすることになります。

　ETCカードを利用した高速道路料金については、NEXCO東日本、中日本、西日本、首都高速、阪神高速、本四高速を中心企業として「ETC利用照会サービス」というWebサービスが提供されています。

　ETC利用照会サービスでは、サイト内で発行可能な「利用証明書」について、インボイス対応が予定されています。この利用証明書は、各走行に応じて道路事業者ごとに発行されるものであるため、インボイス登録番号には、その利用証明書を発行（通行料金を徴収）した道路事業者の番号が表示されることになっています。また、利用証明書は、登録番号のほか、適用税率や消費税額等といった必要な記載事項を追加することで、制度要件を満たした有効な様式への変更を行う予定になっているようです[※3]。

　このETC利用照会サービスは、あらかじめ下記を用意したうえで、利用者登録をすることで利用できます。

・ETCカード番号
・メールアドレス
・過去のご利用年月日
・車両番号
・車載器管理番号

※3　首都高速道路株式会社首都高お客さまセンターへの問い合わせに対する回答より

　車載器管理番号とは、ＥＴＣ車載器ごとにメーカーから付番された19桁の識別番号をいいます。

　ログイン後、「利用明細の表示」を選択し、過去15か月の利用を表示できますので、表示したい年月を選択すると、その月の利用明細が表示されます。その明細から、利用証明書を発行したい通行記録をチェックボックスで選択したうえで、利用明細書発行ボタンをクリックします。その結果、下記のような利用明細書が入手でき、令和5年10月以降は、これに走行をした高速道路会社等のインボイス登録番号が表示されるということになります※4。

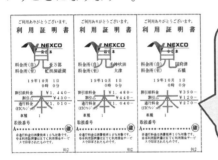

利用証明書
・ＰＤＦファイルで表示されます。
・一度に50件まで出力することができます。
・取扱番号や後日の料金調整など、料金所で手渡される利用証明書と記載内容が一部異なります。

　こうして表示された利用証明書は、PDFファイルですので、これをダウンロードして、電磁的記録として取得することになります。このインボイスの電磁的記録での取得という作業自体は、電子取引となりますので、法人税における取扱いとしては、電磁的記録として真実性の確保、検索可能性の確保などの保存要件を満たした状態で電子保存することになります（法第7条）。

　これに対して、消費税法でのインボイスの保存としては、当該電磁的記録を出力することにより作成した書面（整然とした形式及び明瞭な状態で出力したものに限る。）を保存する方法によることができるとされています（新消費税施行規則第15条の5第2項）。これを整理すると次の図表のようになります。

※4　https://www.etc-meisai.jp/tebiki/tebiki_03.html

	インボイスの電磁的記録	電磁的記録を出力した書面
法人税法	適正な電子取引の保存	国税関係書類とは認められない
消費税法	適正なインボイスの保存	適正なインボイスの保存

　ただし、自家用車で通勤する従業員が得意先の訪問等のために、自家用車で高速道路等を通行し、従業員個人のETCカードで支払いを行い、利用証明書で経費精算をするということもあるかもしれず、すべての状況で電磁的記録での利用証明書の入手ができるとは限りません。このような場合、法人税法では、出力された書面は、国税関係書類以外の書類となってしまいますが、それでも年間に数枚ということであれば、青色申告の取り消しといった心配はないはずですし、十分な証拠力を持つ書面として、認めてもらえると思われます。

　こうした手続の煩雑性を考慮して、ETC利用照会サービスを利用せずに同等の資料が取得できないかと考える人もいるようです。高速道路のサービスエリアなどでは「ETC利用履歴発行プリンター」というものが設置されており、これから出力した利用明細書がインボイスとならないかの検討も行われたようです。

　しかし、「ETC利用履歴発行プリンター」で交付される「利用明細書」はインボイスの対象外になると言われています。NEXCO東日本によれば、「利用明細書に記載の金額は確定前の金額であり、割引等により後日変更される可能性があるため、適格請求書等の対象とはなりません」という回答をした旨、税務通信誌が報じています[5]。

　なお、ETC利用照会サービスに関する上述の内容は、クレジットカードに付帯して発行されるETCカードについての解説です。ほかにETC

※5　「週刊税務通信」No.3713（2022年）P.3

パーソナルカード、ETCコーポレートカードと呼ばれるETCカードについては、ETC利用照会サービスではなく、毎月顧客に送付される請求書でのインボイス対応となります。しかし、この発行枚数は極めて限られたもののようで、多くの利用者は、ETC利用照会サービスを利用することになるものと思われます。

Point
まとめ

せっかく料金所で停止しないで料金が払えるETCですが、税務処理においては、わざわざ利用証明書をダウンロードしにいかないといけません。登録したメールアドレスに利用証明書を送付してくれるようなサービスをしてくれたらよいのですが。

16 インターネットバンキングを利用した振込等はどうなりますか

　インターネットバンキングを利用した振込等も、電子取引に該当します。電子帳簿保存法上、保存しなければならないその電子取引の取引情報に係る電磁的記録については、金融機関の窓口で振込等を行ったとした場合に受領する書面の記載事項（振込等を実施した取引年月日・金額・振込先名等）が記載されたデータ（電磁的記録）であると、一問一答は解説しています（一問一答電子取引-問9）。

　この解説での「金融機関の窓口で振込等を行ったとした場合に受領する書面」というのは、「振込依頼書（兼払戻請求書）」などと書かれたワンライティングの用紙の2枚目など銀行が収受印を押したうえで渡してくれる振込金受領書のことを言っていると思われます。また、ATMで振り込みを行った場合にも「ご利用明細」が交付されます。インターネットバンキングでは、振込みが完了した段階で表示される画面に「印刷用画面を開く」というボタンがあり、これをクリックすると振込内容

が表示され、印刷できるようになっています。これをPDFファイル等に出力すればよいのでしょう。

　しかし、現実の実務としては、通帳を見れば、取引年月日、振込先名、金額を確認することができます。そのため、ATMでの利用明細までは証憑綴りに綴っていない会社も少なくないと思われます。国税庁としても、聞かれれば法令遵守の模範解答を書かざるを得ないのだろうとは思いつつも、せっかくの電子取引の後に、印刷用画面を開き、PDFファイルに出力して、適切なファイル名に変更して、保存フォルダに保存するという手作業が出てくるのは、悩ましいところです。

Point
まとめ

かつて、消費税法第30条第7項の仕入税額控除の規定が「帳簿または請求書等の保存」から「帳簿及び請求書等の保存」に改正された際に、水道光熱費の取引で「東京ガス」と摘要に記載すればガス代だとわかるので、記載を省略することができるか？という質問を日税連がしたことがあります。しかし、取引年月日、取引先名、取引内容及び金額を記載してくださいという型通りの回答が来たのを思い出しました。実務で省略している部分を質問してもその省略はいけないのだという答えが返ってくることになります。

17 パソコンやプリンタは所有しておらず、スマートフォンで電子取引を行っている場合はどうしますか

　QRコード決済の端末やタブレット端末のレジスターといった飲食店も見かけるところですが、こうしたパソコンのない事業者も増えてきていることと思われます。この場合、税務調査の際に見読可能性の確保は

どのようにするのでしょうか。

　これに対して一問一答電子取引-問17では、電子取引データの保存要件にはプリンタの備付けも含まれていますが、税務調査等があった時点においてプリンタを常設していない場合であっても、近隣の有料プリンタ等により税務職員の求めに応じて速やかに出力するなどの対応ができれば、プリンタを備え付けているものと取り扱って差し支えないとされています。

　パソコンやプリンタを所有していなくても事業を行うことができている事業者に対して、税務調査の際のためだけにプリンタを購入しろとは言えないということなのでしょう。

Point
まとめ

こういう解説を読むと施行規則の「映像面の最大径が三十五センチメートル以上」（規則2⑥五）すなわち14インチ以上のディスプレイといった要件はなんだったんだろうと思ったりしますが、納税者に寄り添ってくれる回答となっています。

18 EDI取引の電子保存における詳細な手続を教えてください

　EDI取引を行っている場合に取引情報に係る電磁的記録を保存するといっても具体的な段取りとしては、不明な点もあるかと思います。通達や一問一答では、その解説をしているので紹介したいと思います。

(1) 電子取引をインターネットを経由して行っているため、暗号化しているが、この暗号化されたデータを保存するのか

　電子取引の取引情報に係る電磁的記録は、ディスプレイの画面及び書面に、整然とした形式及び明瞭な状態で出力されることが求められるも

のです。したがって、暗号化されたものではなく、受信情報にあっては
トランスレータによる変換後の電磁的記録を、送信情報にあっては変換
前の電磁的記録等により保存することになります（通達7-1）。

⑵　取引データそのものではなく、他の保存システムに転送し、エクセル形式やPDFデータで保存することはできるか

　一問一答電子取引-問35によれば、EDI取引で授受した電子取引の取
引情報として保存すべきデータは、EDI取引で実際に授受したデータそ
のものに限定されておらず、当該EDI取引で授受したデータについて、
その取引内容が変更されるおそれのない合理的な方法により編集された
データにより保存することも可能であるとされています。

　電子取引のシステムは、日々の業務の遂行に密接なシステムであるた
め、このシステムが送受信した電子取引データ自体を保存させて、検索
等ができるようにするというのは、システム的に負荷がかかる場合があ
ります。そのような場合、取引データを他のシステムに出力して、その
システム上で長期の保存、閲覧をするということを行います。その場
合、csvの形にしてデータを出力するかもしれませんし、それを保存・
閲覧システムが取り扱える形式にすることも考えないといけません。

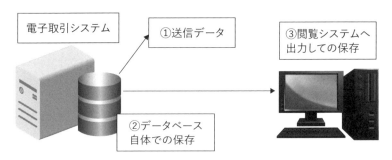

　一問一答の中では、例示として、EDI取引においてデータをXML形
式でやり取りしている場合であって、当該XML形式のデータを一覧表

としてエクセル形式に変換して保存するときは、その過程において取引内容が変更されていない限りは、合理的な方法により編集したものと考えられるため、当該エクセル形式のデータによる保存も認められるとしています。逆に、授受したデータを手動により転記して別形式のデータを作成する場合は、取引内容の変更可能性があることから、当該別形式のデータは合理的に編集したものに当たらないとしています。

⑶ 相手方から受け取ったデータのうち、コードを自社仕様のコードに変換したうえで保存してもよいか

取引先と当社において、商品コードが異なっているということは当然に予想されることです。たとえば、取引先から「AA001」という商品の注文データが来たが、当社では、この商品コードは「ABC-AA001-01」として登録されている場合、「AA001」のままでは当社側のシステムでの利用はできません。こうした場合、変換テーブルを介して、AA001をABC-AA001-01へと置き換えたうえで、自社のシステムに読み込んでいくことになります。そこで、電子取引の保存として保存すべき電磁的記録は、取引先から送られてきたデータ自体なのか、変換テーブルを介してコードを置き換えたものなのかという質問が生じるわけです。

一問一答電子取引-問36では、こうした場合、内容を一切変更することなくコードの表記のみを変更することは、合理的な編集に該当するため認められるとしています。ただし、目視による手入力等が介在すると意図せず内容が変更されてしまうおそれがあるため、変換テーブルを使用し、コード変換が自動的に行われることと、当該変換テーブルを併せて保存をしておくことが必要だとされています。

⑷ 自社が発行した請求書データの保存をそのデータに記載されている内容が確認できれば、販売管理システムでの保存でもよいか

販売管理システムで請求書を作成し、これを書面に出力して交付し、

控えを電子保存すれば書類の電子保存です。この質問は、書面に出力して交付するのではなく、メールに添付して送信したり、電子取引のクラウドサイトにデータをアップロードするような形で電子取引を行っている場合、送信したデータそのものではなく、販売管理システムのデータベースにおいて保存することでもよいかという質問だと思われます。すなわち書類の電子保存と同様でもよいかということになります。

　一問一答電子取引-問40では、発行した請求書データの内容について変更されるおそれがなく、合理的な方法により編集された状態で保存されたものであると認められるデータベースであれば問題ありませんとされています。

　その解説においては、電子取引を行った場合には、当該電子取引の取引情報に係る電磁的記録を保存しなければならないと規定されているところ、この取引情報とは、「取引に関して受領し、又は交付する注文書、契約書、送り状、領収書、見積書その他これらに準ずる書類に通常記載される事項をいう。」と定義されていることからも明らかなように、必ずしも相手方とやり取りしたデータそのものを保存しなければならないとは解されないとしています。そのため、発行する請求書等データに記載の内容が、送信データの元となる請求者等情報データベースから自動的に出力されるなど、記載した取引情報の全てが、変更されるおそれがなく合理的な方法により編集された状態で、要件に従って保存されたものであると認められる場合は、当該データベースにおける保存も認められるとされています。

Point
まとめ

EDIシステムの内容に踏み込んだ質問と解説になっており、保存システムを構築するシステム担当者が活用される情報だと思われます。

19　メール添付のファイルなどの保存における詳細な手続を教えてください

⑴　エクセルやワードのファイル形式のデータをPDFに変換して保存することは認められるか

　エクセルやワードのファイルは、容易に編集ができてしまうわけで、これをPDFファイルなどに出力したうえで保存するというのは1つの工夫だと思われます。また、エクセルやワードのファイルをパスワードを付けてそのパスワードを知らない人には開かれないようにしたうえでやり取りすることも行われていますが、このパスワードを残したまま長期で保存するとパスワードを紛失するとファイルを開くことができなくなります。そのため、長期保存のためにはパスワードを解除してから保存というのも必要な工夫です。

　一問一答電子取引-問37では、電子取引を行った場合には、当該電子取引の取引情報に係る電磁的記録を保存しなければならないことが規定されていますが、必ずしも相手方とやり取りしたデータそのものを保存しなければならないとは解されません。エクセルやワードのファイル形式で受領したデータをPDFファイルに変換して保存することや、パスワードが付与されているデータのパスワードを解除してから保存することは、その保存過程において取引内容が変更されるおそれのない合理的な方法により編集したものと考えられることから、問題ないとされています。

⑵　電子メール等で受領した領収書データ等を、訂正・削除の記録が残るシステムで保存すれば、改ざん防止のための措置を講じていることとなるか

　訂正・削除の記録が残るなどの一定のシステムを使用することによって改ざん防止のための措置を講じていることとするためには、保存だけではなく、データの授受も訂正・削除の記録が残るなどの一定のシステ

ム内で行う必要があります。しかし、電子メールのシステムは、多くの場合、メールの削除などが容易に行えてしまいます。そのため、保存プロセスだけシステム的に改ざん防止の措置がなされていても、データの授受のプロセスが措置されていないのは駄目だということになります。そのため、一問一答電子取引-問38では、別途、不当な訂正・削除を防止するための事務処理規程を制定して遵守するなどの方法によって改ざん防止のための措置を講じることが必要だとされています。

●図表11　訂正・削除防止機能がある電子書類管理システムに保存すればよいのか？

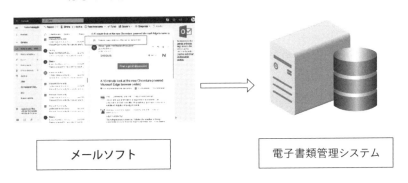

メールソフト　　　　　　　　　　　電子書類管理システム

⑶　スキャナ保存システムを使用していますが、電子取引で授受して取引情報の電磁的記録をこのスキャナ保存システムで保存してよいか

　スキャナ保存システムは、スキャナやスマートフォンで読み取った画像データを真実性確保や検索性の確保をしながら、業務にできるように保存・閲覧できるようにしています。このシステムにスマートフォンから画像データを流し込むのと同様に、メールに添付されたファイルやダウンロードしたファイルを流し込んでも同様に文書管理が行えることになります。実際、こうしたスキャナ保存、書類の電子保存、電子取引の保存がハイブリッドで使えるシステムが販売されています。
　一問一答電子取引-問32では、電子取引により授受されたデータの保

存に当たって、訂正削除履歴や検索などの機能要件を満たすのであれば、スキャナ保存と同じ文書管理システムで、電子取引のデータを保存しても問題はないとされています。

⑷ メールの本文に取引情報が記載され、メール自体が電子取引に係る取引情報の電磁的記録となる場合、メールをPDF等にして保存してもよいか

一問一答電子取引-問45では、当該メールに含まれる取引情報が失われないのであれば、メールの内容をＰＤＦ等にエクスポート・変換するなど合理的な方法により編集したもので保存することとしても差し支えないとされています。

⑸ メール添付で送られてきたPDFファイルに複数の請求書が入っていたが、どのように保存したらよいか

一問一答電子取引-問46では、例示として、受領したＰＤＦファイルを、その取引ごとにデータの同一性を保持したまま記録事項を変更することなく単にデータを分割し、その分割したＰＤＦファイルのファイル名に規則性を持った形で記録項目を入力して一覧性を持って管理し、かつ税務職員のダウンロードの求めに応じることができるようにしている場合等には、検索要件を満たすと考えられるとしています。この場合、受領したPDFファイルではなく、それぞれの請求書の内容が記載されている複数のPDFファイルに分割することで、それぞれ検索性を確保するという方法ということになります。

そのほか、複数の請求書が入っているまま、ファイルを請求書の数の分だけ複写して増やし、それぞれ含まれている１つずつの請求書と検索性を確保するということでもよいかもしれません。ただし、この場合、ファイルを開いた瞬間出てくる最初の請求書は検索内容と一致しないので少し疑念・不安を感じるかもしれません。一問一答でファイルを分割してよいと言っているのですから、この方法に従うのが無難だといえます。

経費や旅費精算でスキャナ保存システムを導入済みの会社であれば、書類の電子保存、電子取引のデータも同じシステムで一緒に文書管理できれば、追加コストなくシステム的な管理が行えることになります。

Point
まとめ

20 検索要件の記録項目である 取引金額について教えてください

　一問一答では、取引金額について 2 つの Q&A を用意していますので、それぞれ触れておきましょう。

⑴　取引金額は、税抜きなのか税込みなのか

　一問一答電子取引 - 問 47 では、帳簿の処理方法（税抜経理 / 税込経理）に合わせるべきと考えられるものの、授受した電子取引データに記載されている取引金額を検索要件の記録項目とすることとしても差し支えないとしています。

　その理由は、次のように書かれています。検索機能の確保の要件は、税務調査の際に必要なデータを確認することを可能とし、調査の効率性の確保に資するために設けられています。また、税務調査では帳簿の確認を基本とし、帳簿に関連する書類や取引情報の確認を行っていくことが想定されることから、基本的には帳簿と同じ金額で検索できるようにしておくべきと考えられます。しかし、税抜・税込を統一せずに、授受した電子取引データに記載されている金額を記録項目としていても問題はありません。おそらく、現場での作業としては、帳簿との関連性、もしくは電子取引データに記載されている金額との関連性など、一定の規則性があれば困らないということなのでしょう。

⑵ 見積書データのように取引金額がない場合の取引金額とは

　単価契約のように、取引金額が定められていない契約書や見積書等に係るデータについては、検索要件における「取引金額」をどのように設定すべきでしょうか。この単価契約とは、一定期間を通じて複数回の調達を予定している物品について、あらかじめ納入単価の契約を締結するものです。この場合、必要となる都度発注し、数量のみの発注となり、契約した単価を乗じて算出した金額を支払うという契約の方式です。

　この場合、契約書には単価のみが記載されるため、取引金額のない契約書データが発生し、また、見積書は、どういう金額で請けられるかの提示にすぎず取引金額が記載されるものではありません。

　こうした場合、記載すべき金額がない電子取引データについては、「取引金額」を空欄又は0円と設定することで差し支えないと一問一答電子取引-問48は解説しています。なお、空欄とする場合でも空欄を対象として検索できるようにしておく必要があるとされています。

Point
まとめ

空欄で検索できるとは、まさに検索条件として取引金額のないものが検索できるということで、この検索で検索条件が入っていないので全件抽出されては困るということになります。利用者がどうするというものではなく、システム的な工夫を要する部分です。

電子取引と一体で考える
スキャナ保存

1　スキャナ保存の特色について教えてください

　スキャナ保存は、当初、書面として受領した取引に関する証憑等をスキャナ等の一定の機器で読み取り作業を行い、電子データにすることで、この電子データの保存をもって、原本たる書面の保存に代えることができるという制度です。

　1998年に電子帳簿保存法が誕生した際には、Ⅴ章の帳簿書類の電子保存とⅢ章の電子取引だけで、いずれも最初の記録段階からコンピュータを使用して作成したり、電子データの形式で送付したり、受領したりという仕組みを前提としていました。しかし、e-文書法が2004年に誕生したことを受けて、電子帳簿保存法の中にもスキャナ保存が取り込まれることになったのです[1]。

　スキャナ保存の特色は、本来の原本が書面であり、これをスキャナ等によって電子化するわけですから、読み取りをするまでの改ざんのリスクがあることが最初に挙げられます。また、原本たる書面を破棄できるということも特色となります。これらの特色は、電子帳簿保存法の中で、スキャナ保存の保存要件が一番多いという形で対処されています。タイムスタンプが実質的に必須とされるのもこうした特色があるからです。

　こうした特色があったため、従前は、スキャナ保存の保存要件は、非常に重く、適正事務処理要件といった企業の内部統制による真実性の担保を求めるような要件もありました。しかし、スキャナ保存をもっと普及させたいという声の中、令和3年度税制改正で要件の緩和が行われ、適正事務処理要件は消滅しました。その代わりにスキャナ保存に関して不正行為があった場合の重加算税の10%加算の取扱いが置かれることになりました。

---

[1]　電子帳簿保存法の当初のアプローチやe-文書法については、拙著「中小企業の電子帳簿サポートブック」（ぎょうせい、2021年）P.31 ～ 36を参照されたい。

　会社の中で、書類に記載された情報が最終的に漏れなく、ダブりなく、誤りなく処理されることは会社自身にとって必須です。そうした観点からは、保存要件を理解して、これを充足しさえすればよいという姿勢ではなく、内部統制の観点ではこの業務をどのように進めるかという意識も含めて、本書は書かれています。

Point
まとめ

保存要件の中にバックアップの保持という要件はありません。きちんと見読可能性を保持するなど可用性の確保といった意識が重要になってきます。

2　スキャナ保存のメリットとはどういったものですか

　スキャナ保存の効果は、4つあると私は考えています[※2]。

(1)	保存コストその他の業務コストが削減できる
(2)	電子データ化することで検索もできるようになり、業務の質が向上する
(3)	スキャニング後のOCR化で経理が変わる
(4)	環境にやさしく、ワークスタイルも変革できることに（テレワークの実現）

　(1)の保存コストおよびその他の業務コストとは、大量の書面の保存場所、ファイリングした書面を保管する書棚並びにバインダーなどの文具のコスト、ファイリングなどに要する作業時間であり、これらがスキャナ保存により削減できることになります。

　メリットはそれだけではありません。一般に証憑書類は、1つの部門

※2　佐久間裕幸「国税庁Q&A対応 実践税務署類のスマホ・スキャナ保存」（ぎょうせい、2016年）P. 6〜9

で使用するだけではないのが通常です。たとえば契約書であれば、支店や営業所の営業担当が得意先との契約に成功して作成した契約書は、支店や営業所でコピーを取り、本社へ原本が郵送されます。本社では契約書で定められた商品や製品の納品や役務の給付のために必要な部署にコピーを回付しつつ、契約管理部署に原本を保管します。このように1枚の契約書が3枚、4枚に増え、それぞれの部署で保管されるという無駄を生みます。スキャナ保存をして、データをサーバに置けば、社内の関連部署から自由に閲覧できるので、そもそもコピーを取ることが不要となるのです。

　電子化をすることで、(2)の業務の質の向上も期待できるようになります。電子文書の閲覧では、検索ができることは当然の機能です。日付や金額、取引先などの情報で自由に検索することで、思い込みや勘違いによるミスやトラブルを減らすことができます。もちろん、ファイリングされた書面を見ることでも契約内容を確かめることはできますが、書面の場合、日付順や受注番号順といった一定のルールでファイリングされているため、そのルールと異なる属性（例えば、「あの540万円の契約って、いつ、何社との契約だっけ」といった探し方）で探すには、ひたすら書類をめくっていくしかありません。

　経費精算のような業務にスキャナ保存を活用する場合、(3)のOCR化によるメリットを享受することができます。OCRとは、写真のような画像情報から文字の部分をテキストとして認識する技術です。OCRの機能がスキャナ保存システムに備えられていると、読み込んだ領収書等の領収日付、金額、領収書の発行者名などを認識できます。発行者名が「××交通株式会社」であれば、旅費交通費の精算であると認識するようにプログラミングされていれば、仕訳に必要な日付、金額、取引先、費用科目が自動で決まり、あとは「タクシー代」などと入力すれば、旅費精算書ができあがり、会計システムに読み込める仕訳データも同時に完成します。「××交通株式会社」への支払いが旅費交通費でタクシー代であるとシステムが学習すれば、2回目の精算からは、取引内容まで自動

入力された旅費精算書と仕訳データが作れるのです。これを精算者の上長と経理がチェックすれば、精算業務は大幅に合理化されることになります。

　このようになれば、(4)で掲げたテレワークの実現も現実的なものとなります。書面が社内を行き交う状態では、出社日数が減ることで書面の社内の各部署に滞留する時間が増えて、経理までなかなか届かず、経理処理や支払業務などに支障が起きるかもしれません。各部署の人が社内のサーバを自宅のパソコンから閲覧できれば、最初のスキャニングさえすれば、他の人たちは出社の必要がありません。経費精算も出張中の上長の承認印をもらうために時間を浪費することがなくなります。コピーをしたり、書面が社内を回付されたりすることがないので、エコな業務フローが実現します。そして、バックアップデータの保存を適切に行えば、書面をファイルから抜き出して見ているうちに紛失するといったリスクもなく、安全な保存が実現することになります。

Point
まとめ

スキャナ保存は、単に書面を電子化して、ファイリングの手間や保管スペースを節減するだけのものではありません。部署間を移動する書類について、コピーで手元に残すといった無駄も削減し、OCRの活用で電子データとしての活用も可能にするのです。

3　どのような書類がスキャナ保存の対象となりますか

　スキャナ保存の対象となるのは、棚卸表、貸借対照表、損益計算書などの計算、整理または決算関係書類以外の国税関係書類です。あくまでも対象は書類であり、帳簿は対象外となります。帳簿は、会計システムで作成した帳簿の電子保存を行うまでであり、いったん出力してからス

キャナで読み込む必然性がありません。また、決算関係書類も、自社で作成しているのですから、同様に書類の電子保存を行えばよいことになります。スキャナ保存の対象となる決算関係書類以外の国税関係書類については、図表のように重要な書類と一般の書類に分けて、スキャナ保存の入力方式と対比して整理することができます。

●図表12　スキャナ保存の対象となる書類と適用できる入力方式

	書類の名称	書類の内容と重要度	適用できる入力方式	
重要度高い	契約書、領収書並びにこれらの控え等	一連の取引過程の開始時点と終了時点の取引内容を明らかにする書類のため重要。資金や物の流れに直結・連動するため、重要な書類となる	早期入力方式または業務処理サイクル入力方式	
	預り証、借用証書、預金通帳、小切手、約束手形、有価証券受渡計算書、社債申込書、契約の申込書（定型的約款なし）、請求書、納品書、送り状、輸出証明書並びにこれらの写し等	一連の取引の中間過程で作成される書類で、所得金額の計算と直結・連動する書類。資金や物の流れに直結・連動するため、重要な書類となる		
重要度低い	検収書、入庫報告書、貨物受領証、見積書、注文書、契約の申込書（定型的約款あり）並びにこれらの写し	資金や物の流れに直結・連動しない書類。そのため、入力のタイミングが求められない適時入力方式を適用することが認められている		適時入力方式

（一問一答スキャナ-問2を参考に筆者が作成）

　図表のように一連の取引過程の開始時点と終了時点の取引内容を明ら
かにする契約書や領収書のような税務の観点から特に重要と考える書類
と、一連の取引の中間過程で作成される書類で所得金額の計算と直結・
連動する請求書、納品書、送り状のような書類で資金や物の流れに直
結・連動する書類の2種類が「重要な書類」とされています。重要な書
類には、入力方式として、早期入力方式、業務処理サイクル方式のいず
れかによることが求められています。これに対して、資金や物の流れに
直結・連動しない検収書、見積書、注文書のような書類は、「一般の書類」
とされ、適時入力によることも認められています。これは、まとめて1
年分のスキャンでも可という入力方式です。

　スキャナ保存は、文字通りスキャナで読み取った電磁的記録を保存す
るという保存方式ですが、スキャナの定義は、走査線方式で画像の電子
化をするスキャナだけでなく、画像素子で電子化するスマートフォンや
デジタルカメラでの撮影も含むものであるとされています（通達4－
16）。一般的には、スキャナでの電子化は、大量の文書の電子化に適し
ていると考えられています。

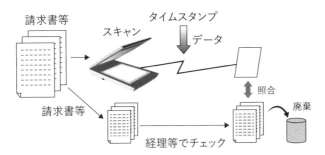

　一般的なスキャナ機器は、コピー機などと同様にADF（自動原稿送
り装置）がついていますので、大量の書類を重ねて置くことで連続的に
スキャニングしてくれます。スキャナのある部署に納品書や請求書など
の書類が集約されるように業務の流れを作って、一気に読み込ませるこ
とで省力化できるはずです。

　それに対して、領収書等を受領した人がスマートフォンで撮影するスマホ撮影保存は、書類が発生した最初のところで電子化を行い、そのあとは、撮影をした人と異なる人が領収書と撮影データのチェック作業をする部分を除けば、書面のない業務の流れが作れることになります。

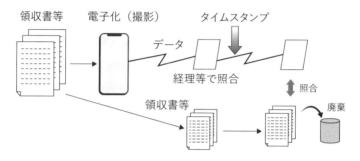

　このようにスキャナ保存は、大量の書類を1か所に集めて、ADF付きのスキャナで一気に読み込む場合と、多くの従業員がスマートフォンで個別に写真を撮ることで経費精算を開始するといったスマホ撮影保存ともいうべき2種類の形態があり、それぞれに適した書類があるということになります。

Point
まとめ

このように私は、(広義の)スキャナ保存を大量処理の(狭義の)スキャナ保存とスマホ撮影保存という分類で使い分けることがあります。スキャナ保存について考える際は、この分類を頭の中に置いておくと理解が進みやすいと思います。

スキャナ保存の保存要件の概略を教えてください

スキャナ保存の保存要件を1つ前の3で述べた重要な書類、一般の書類、そして、後述する過去分重要書類で対比する形で一覧にすると図表のようになります。

●図表13　スキャナ保存の要件

要件	重要書類	一般書類	過去分重要書類
⑴　入力期間の制限（書類の受領等後又は業務の処理に係る通常の期間を経過した後、速やかに入力）	○	＊1	＊1
⑵　一定水準以上の解像度（200dpi以上）による読み取り	○	○	○
⑶　カラー画像による読み取り（赤・緑・青それぞれ256階調（約1677万色）以上）	○	＊2	○
⑷　タイムスタンプの付与	○＊3	○＊4	○＊4
⑸　解像度及び階調情報の保存	○	○	○
⑹　大きさ情報の保存	○＊5	＊2	○
⑺　ヴァージョン管理（訂正又は削除の事実及び内容の確認等）	○	○	○
⑻　入力者等情報の確認	○	○	○
⑼　スキャン文書と帳簿との相互関連性の保持	○	○	○
⑽　見読可能装置（14インチ以上のカラーディスプレイ、4ポイント文字この認識等）の備付け	○	＊2	○

(11)	整然・明瞭出力	○	○	○
(12)	電子計算機処理システムの開発関係書類等の備付け	○	○	○
(13)	検索機能の確保	○	○	○
(14)	その他			＊6

＊1　一般書類は、入力のタイミングは問われず、過年度重要書類は、スキャナ保存義務者が過年度の重要書類を入力するため、入力のタイミングは問われない。

＊2　一般書類の場合、カラー画像ではなくグレースケールでの保存可であり、したがって、ディスプレイ、プリンタもモノクロでよい。大きさ情報の保存も不要。

＊3　クラウドシステムの利用などで、NTPサーバとの同期などにより、早期入力方式、業務処理サイクル方式で入力したこことを確かめることができる場合には、タイムスタンプは不要。

＊4　当該国税関係書類に係る記録事項を入力したことを確認することができる場合には、タイムスタンプの付与に代えることができる。

＊5　受領者等が読み取る場合、A4以下の書類の大きさに関する情報は保存不要。

＊6　過去分重要書類については当該電磁的記録の保存に併せて、当該電磁的記録の作成及び保存に関する事務の手続を明らかにした書類（当該事務の責任者が定められているものに限られる。）の備付けが必要。また、所轄税務署長等宛に適用届出書の提出が必要。

（一問一答スキャナ-問10を参考に筆者が作成）

　(1)の入力期間の制限というのは、書類の受領後スキャナでの読み取りをするまでの期間の要件であり、次節で説明します。

　(4)のタイムスタンプは、一番不安を感じる人が多い要件です。まずは、タイムスタンプの仕組みを図解により説明しておきましょう。

　利用者は、電子文書をハッシュ値と呼ばれる符号に変換して、これをタイムスタンプ局に送信します。タイムスタンプ局は、各国の標準時刻配信局から送られる時刻情報と一緒に電子署名（デジタル署名）を付してタイムスタンプトークンとして、利用者に送付します。

●図表14　デジタル署名を利用したタイムスタンプの例

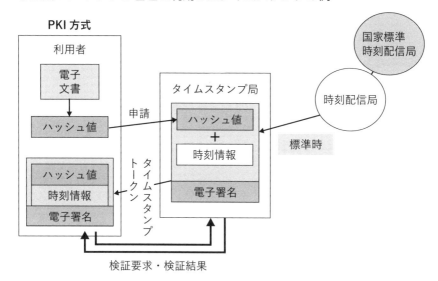

（出典）　日本公認会計士協会IT委員会研究報告第50号
「スキャナ保存制度への対応と監査上の留意点」より

　そして、利用者がタイムスタンプを検証する際には、電子文書から作成したハッシュ値がタイムスタンプトークンの中のハッシュ値と一致することを確かめ、時刻情報を見ることで、タイムスタンプを付した時点と改変がないことを確かめます。

　一般財団法人日本データ通信協会のホームページによれば、2022年7月14日現在、5社の事業者が時刻認証業務認定事業者すなわちタイムスタンプ局としてのサービスを提供しています[3]。

　技術面はさておき、電子署名の検証と同様にタイムスタンプの検証という作業をすることで、その電子文書にタイムスタンプが付された日時・時刻を確かめることができ、その電子文書が少なくともその時点では成立しており、その後、改変されていないことを確かめることができ

◆────────────────────────────────────◆
※3　一般社団法人日本データ通信協会「認定タイムスタンプを利用する事業者に関する登録制度」
　　　https://www.dekyo.or.jp/touroku/

ます。

　スキャナ保存した電子データを自社内のサーバに置くようなスキャナ保存機器一式を導入している企業の場合、その機器を販売したシステム機器会社が上記の5社のいずれかとの契約まで面倒を見てくれるはずです。その結果、契約で定められた料金を支払いさえすれば、スキャナ保存機器が電子データにタイムスタンプを付けてくれることになります。また、クラウドシステムを利用したスキャナ保存サービスを利用している場合、タイムスタンプは、そのクラウド事業者側が付してくれるため、利用者としては、タイムスタンプについての契約等は不要であることになります。

Point
まとめ

税理士が電子申告をするにあたって電子署名を電子データに付したり、一般の納税者が所得税の申告にあたってマイナンバーカードに登載された電子署名を使ってe-Taxで申告するのと同様、あまり難しいことは考えずに、タイムスタンプを活用することができると考えてください。

5 早期入力方式と業務処理サイクル方式について教えてください

　入力要件における早期入力方式とは、国税関係書類の作成又は受領後おおむね7営業日以内に入力することをいいます（通達4-17）。業務処理サイクル方式は、通常行われている業務処理サイクル2か月内を経過した後、おおむね7営業日以内に入力する方式となります（通達4-18）。たとえば、月末締めの会社における納品書のような書類の場合で、4月1日から月末までに受領した納品書については、5月に到着した4月分の請求書や請求明細書と突合せを行い、請求内容に問題がないことを確かめ、5月末の支払いの準備が行われ、支払い完了後、請求書などと同じタイミングでスキャニングされて保存されるような場合、2か月プラスおおむね7営業日が必要になります。業務処理サイクル方式は、これに対応した方式となっています。

　一般の書類については、適時入力方式も認められます。これは、まとめて1年分のスキャンでも可ということになります。

　ここでの「入力」とは、単にスキャニング作業を終えていればよいのではなく、入力期間内に、スキャニングした書類に係る電磁的記録の記録事項にタイムスタンプが付された状態またはその後の当該電磁的記録の記録事項に係る訂正又は削除の履歴等を確認することができるシステム（訂正又は削除を行うことができないシステムを含みます。）に格納した状態にすることを言います（一問一答スキャナ保存-問21）。改ざんの余地のない安定した電子データの形にするということなので、読み込みっぱなしで、タイムスタンプの付与をしていないとか、読み込んだデータをファイル管理システムの中に流し込んでいないという状態では駄目だということになります。

　早期入力もしくは業務処理サイクルでの入力期間内に電磁的記録を保存したことが確認できる場合については、その確認をもってタイムスタンプの付与に代えることができる取扱いが入りました（規則2⑥二）。

この入力期間内に保存したことが確認できる場合とは、例えば、他者が提供するクラウドサーバにより保存を行い、当該クラウドサーバがＮＴＰ（Network Time Protocol）サーバと同期するなどにより、その国税関係書類に係る記録事項の入力がその作成又は受領後、速やかに行われたことの確認ができるようにその保存日時の証明が客観的に担保されている場合が該当しますので（取扱通達４－28）、自社にファイル管理システムを所有している場合には、タイムスタンプが必要となります。

Point
まとめ

このタイムスタンプが省略できる場合という事例を見ると、クラウドでのシステムに大きな期待がかけられているという気がします。

6　すべて業務処理サイクル方式で入力すれば安心ですか

　早期入力方式と業務処理サイクル方式と２つの入力方式があっても、対象書類は重要書類であり同じです。なぜ、長い方、すなわち業務処理サイクル方式だけにしなかったのでしょうか。令和３年税制改正以前は、特に重要な書類が早期入力方式、重要な書類は早期入力方式か業務処理サイクル方式と分かれており、特に重要な書類についてはその書類を受領した本人が入力を行う場合には特に速やかに入力するといった方式の区分がありました。特に速やかというのはおおむね３営業日となっていました。しかし、令和３年度税制改正により、「特に重要な書類」という概念と「受領した本人が入力を行う」という区分が消えてしまい、その結果として、重要書類には早期入力方式と業務処理サイクル方式が適用という形で、重複するような形で入力方式が定められました。

　しかし、スキャナ保存を３で説明したように「大量の書類を１か所に

集めて、ADF付きのスキャナで一気に読み込むスキャナ保存」と「多くの従業員がスマートフォンで個別に写真を撮ることで経費精算等を行うスマホ撮影保存」の2つの概念に区分して考えると意味合いが見えてくるような気がします。

　「大量の書類を1か所に集めて、ADF付きのスキャナで一気に読み込むスキャナ保存」には、業務処理サイクル方式が適していて、「多くの従業員がスマートフォンで個別に写真を撮ることで経費精算等を行うスマホ撮影保存」には早期入力方式が業務フロー的に、あるいは内部統制的に適しているのです。

書類の種類		電帳法上の入力方式	利用すべき入力方式
重要書類	大量に読み込む書類	早期入力方式 及び 業務処理サイクル方式	業務処理サイクル方式
	本人が読み取りを行う書類		早期入力方式

　もし、保存要件として業務処理サイクル方式しか示さなかった場合、従業員の経費精算に2か月かかるといった事態が生じる恐れがあります。それでは原本たる書類を改ざんしたり、他社の従業員にもスキャナ保存させるといった不正使用のリスクが高まります。令和3年度税制改正で、本人が読み取りを行う場合には書類に自筆署名をしてから行うといった要件も消滅していますので、早期入力方式を明確に提示しておきたかったのではないかと推測しています。

Point
まとめ

入力方式の変化は、令和3年度税制改正でのスキャナ保存の肝の1つでしたが、その結果、ここで述べたような内容が見えにくくなったような気がしています。

7　１日でも遅れたら早期入力方式を満たせないのでしょうか

　入力期間を誤って経過してしまった場合、入力期間を経過した国税関係書類についてもその他の保存要件に沿って入力するとともに、当該国税関係書類を紙のまま保存することとなるというのが原則です（一問一答スキャナ-問24）。誤って入力期間を経過した場合には、入力期間の制限というスキャナ保存における要件を満たしていない電磁的記録となるため、これについては当該国税関係書類の保存に代えることはできません。そのため、国税関係書類自体すなわち元の書類を紙のまま保存する必要が生じます。

　しかし、この取扱いも現実的な実務の中での事故のようなものまで排除するといったものではありません。国税庁のQ&Aの中に次のようなものがあります（一問一答スキャナ-問29）。

　受領の日からその業務の処理に係る通常の期間を経過した後おおむね7営業日以内にタイムスタンプを付しましたが、その後、経理担当者が電磁的記録の記録事項の確認を行ったところ、折れ曲がりなどのスキャンミスが判明し、再度読み取りを行うことが必要となりました。既に領収書の受領の日からその業務の処理に係る通常の期間を経過した後おおむね7営業日を経過してしまいましたが、どのように対応すればよいでしょうか。

　これに対する回答は、折れ曲がりなど当該領収書等と同一性が確認でき、①当初の読み取りについて、受領の日からその業務の処理に係る通常の期間（最長2か月）を経過した後おおむね7営業日以内にタイムスタンプが付されていること、②当該スキャンミスを把握してからその業務の処理に係る通常の期間（最長2か月）を経過した後おおむね7営業日以内に再度タイムスタンプを付していること、③当該スキャンミスし

た電磁的記録についても読み取りし直した電磁的記録の訂正削除履歴（ヴァージョン管理）に基づき保存している場合は、再度読み取り、タイムスタンプを付すことをもって、受領の日からその業務の処理に係る通常の期間（最長2か月）を経過した後おおむね7営業日以内にタイムスタンプが付されているものとして取り扱うとされています。

　したがって、これ以外にも経費精算のクラウドシステムを利用している会社で、海外出張中の従業員が現地で費消した経費の精算のためのスマートフォンでの読み取りがインターネット環境が劣悪でうまくいかなかったため、帰国してから行ったため、おおむね7営業日を何日か超えてしまったとしても、そこは「おおむね」の概念の中で対応してくれるということだと考えます。

Point
まとめ

経費の領収書の入力が遅れたとしても、そもそも従来の書面での経理でも「領収書を無くしてしまったんですが、どうしましょう」という事故はあったはずです。そして、3万円以下だから仕入税額控除もできるし、出張に行ったこと自体は確かなので、処理してあげようということはあったわけで、これと同じ感覚でよいのでしょう。

8　システム開発書類の要件について教えてください

　スキャナ保存をするためには、下記(1)から(4)の書類を備え付ける必要があります（規則2⑥七、2②一）。ただし、スキャナ保存のための電子計算機処理に自社開発したプログラム以外のプログラムを使用する場合には(1)と(2)の書類は、不要とされています。また、スキャナ保存に係る電子計算機処理を他社の開発したプログラムを使用し、かつ外部にアウトソーシングしている場合には(3)の書類が不要となります。

⑴　スキャナ保存に係る電子計算機処理システムの概要を記載した書類

⑵　スキャナ保存に係る電子計算機処理システムの開発に際して作成した書類

⑶　スキャナ保存に係る電子計算機処理システムの操作説明書

⑷　スキャナ保存の対象となる国税関係帳簿に係る電子計算機処理並びにスキャナ保存による電磁的記録の備付け及び保存に関する事務手続を明らかにした書類（当該電子計算機処理を他の者に委託している場合には、その委託に係る契約書並びにスキャナ保存に係る電磁的記録の備付け及び保存に関する事務手続を明らかにした書類）

　多くの企業では、スキャナ保存のためのシステムを自社開発することはないでしょうから、実質的に⑴と⑵の書類は不要です。外部からスキャナ保存システムを購入した場合には、操作説明書がシステムと一緒に入手できるはずですので、特に作成する必要はなく、紛失することなく備えおいておけばよいことになります。そこで、あらかじめ会社として準備しておくことが求められるのは、⑷の「スキャナ保存の対象となる国税関係帳簿に係る電子計算機処理並びにスキャナ保存による電磁的記録の備付け及び保存に関する事務手続を明らかにした書類」ということになります。この文書については、国税庁ホームページに例示がありますのでご紹介しておきます※4。

国税関係書類に係る電子計算機処理に関する事務の手続を明らかにした書類

（書類の受領）

1　営業責任者は、作成または受領した以下の書類について、経理責任者に引き継ぐ。

　⑴　取引先から請求書を受領した営業責任者は、請求書を経理責任者に引き継ぐ。

　⑵　取引先から納品書を受領した営業責任者は、納品書を経理責任者に引き継ぐ。

　⑶　見積書を作成した営業責任者は、その控えを経理責任者に引き継ぐ。

　⑷　取引先から注文書を受領した営業責任者は、出荷指示書を作成し、商品を出

荷した後に、注文書及び出荷指示書を経理責任者へ引き継ぐ。

（スキャニングの準備）

2　作業担当者は、次の期日までにスキャニングの準備を行う。

(1)　請求書　請求書受領後、5日以内

(2)　納品書　毎月末

(3)　見積書（控え）　1月から6月までに発行したものは7月末

　　　7月から12月までに発行したものは翌年1月末

(4)　注文書　1月から6月までに受領したものは7月末

　　　7月から12月までに受領したものは翌年1月末

（スキャニング処理）

3　作業担当者は、××社製●●システムを活用し、スキャニング処理を実施する。

（管理責任者の確認）

4　作業担当者は、正確にスキャニングされていることを確認した後に、画像（電子化文書）及びCSV（検索項目）をサーバに転送し、管理責任者にこれを引き継ぐ。管理責任者は電子化文書と原本の確認を速やかに行う。

（タイムスタンプの付与）

5　管理責任者は、●●株式会社のタイムスタンプを付与し、本システムに登録する。

（電子化文書の保存）

6　本システムにより電子化されたデータは、国税に関する法律の規定により保存しなければならないとされている期間まで保存する。

　こうしたひな型を参考に規程を作っておき、これに基づいてスキャナ保存の実務を遂行しておけばよいことになります。

Point
まとめ

規程を作って運用というと非常に負担感を感じる方がいらっしゃるかもしれません。しかし、さまざまな企業規模がある中で、規程のひな型を提示する国税庁も悩みが多かったかもしれません。顧問税理士も巻き込んで一度作ってしまえばよいわけです、ひな型を参考にぜひ、作っていただければと思います。

9 タイムスタンプの付与をしないでよい場合とはどんな場合ですか

　令和３年度税制改正で、訂正削除履歴の残る、または訂正削除できないシステムに保存する方法により早期入力方式か業務処理サイクル方式でスキャニングしたことを確認することができる場合には、その確認をもって当該タイムスタンプの付与要件に代えることができることになりました。しかし、早期入力方式または業務処理サイクル方式で入力したことが確認できるためには、たとえば、他社が提供するクラウドサーバにより保存を行い、当該クラウドサーバがNTP（Network Time Protocol）サーバと同期するなどにより、その国税関係書類に係る記録事項の入力が保存要件の期間内で行われたことが確認できるようにその保存日時の証明が客観的に担保されていることが必要です（通達4-28）。

　外部業者のクラウドサービスを利用する場合は、こうした仕組みであれ、タイムスタンプであれ、外部業者が提供してくれるので、利用者としてはタイムスタンプに関する負担感を感じることはありません。そして、客観性がないという観点からは、自社でスキャナ保存機器を購入して使用している場合には、結果として、従来通りにタイムスタンプを付すしかないということになります。

　この点は、一問一答スキャナ-問31で、時刻証明機能を他社へ提供しているベンダー企業以外は自社システムによりタイムスタンプの付与の代替要件を満たすことはできないと考えられますと明記されています。そこでは、自社システムについては、保存された時刻の記録についての非改ざん性を完全に証明することはできないとして、例外的に時刻証明機能を備えたクラウドサービス等を他社に提供しているベンダー企業等の場合には、サービスの提供を受けている利用者（第三者）との関係性から当該システムの保存時刻の非改ざん性が認められることから、自社システムであっても例外的に客観性を担保しうるとされています。

Point
まとめ

こうした質問が国税庁に寄せられるほどタイムスタンプというのは嫌われている制度なのでしょうか。月々一定金額でタイムスタンプ付与し放題というサービス提供も出てきています。電子データの信頼性を強固に確保してくれる技術であり、日付印のスタンプを押していた作業を駆逐してくれると考えたら安いようにも思いますが。

10 訂正削除の履歴等はどうしたらよいですか

　読み取るスキャナのほかに読み取った電磁的記録について、訂正又は削除を行った場合には、これらの事実及び内容を確認することができること、あるいは訂正又は削除を行うことができないシステムによる旨が求められています（規則2⑥二ニ）。

　いったん読み取った電磁的記録について訂正を行った場合には、訂正があった事実と訂正前後の2つのデータを保持することが必要です。また、削除を行った場合には、削除した事実と削除したデータを見ることができるようになっていることが必要だということになります。つまり、削除により電磁的データが消滅してしまっては駄目で、帳簿と紐づけられる証憑としては削除されているため表示されないものの、削除済みデータの表示をさせれば表示できるように電磁的データが保存されていることが必要だということになります。あるいは、そもそもシステムとして、訂正や削除ができないシステムであれば、再度、読み取りを行うということで、最初の電磁的記録、再読み込みした電磁的記録がすべて保存されることになります。

　もし、受領した国税関係書類の書面に記載された事項の訂正のため、相手方から新たに国税関係書類を受領しスキャナで読み取った場合など

は、新たな電磁的記録として保存しなければなりません（通達4-25）。そして、訂正の事実及びその内容を確認することができるということは、当初のデータに訂正後のデータが上書き保存されるのではなく、訂正した後の電磁的記録が新たに保存されることを意味します。また、電磁的記録を削除しようとした場合は、例えば、当該電磁的記録は削除されずに削除したという情報が新たに保存されることをいいます（通達4-27）。

　なお、通達の中で「書面の情報（書面の訂正の痕や修正液の痕等を含む。）を損なうことのない画像の情報の訂正は含まれないことに留意する。」（通達4-26）という定めがあります。これは、画像ファイルの大きさを縮小する目的で、解像度などを自動で落とすような機能をシステムが持っている場合があり、利用者の意図の外で画像の情報の訂正が行われることを意味しています。もちろん、この訂正を行っても、解像度、階調などの要件を満たす必要がありますが、スキャナ保存機器メーカーではこうした事情を理解していますので、利用者としては意識する必要はないと思われます。

Point
まとめ

「解像度などを自動で落とすような機能」というのは、画像処理エンジンの汎用ツールが流通しており、各社がシステムの中で利用しています。その中で、ツールによっては、解像度や階調が保存要件を満たさなくなる場合があって、国税庁から関係団体に注意喚起がなされたという経緯があるようです。

11 入力者等の情報確認

　入力に当たっては、入力を行った者またはその者を直接監督する者に関する情報を確認することができるようにしておくことが求めています（規則2⑥三）。かつては、入力を行う者等を確定するために電子署名が求められていたところですが、平成27年度改正で電子署名の要件が外されました。したがって、ここでの入力を行う者又はその者を直接監督する者に関する情報を「確認することができるようにしておくこと」とは、これらの者を特定できるような事業者名、役職名、所属部署名及び氏名などの身分を電磁的記録又は書面により、確認することができるようにしておくことです（通達4-30）。電子署名のように読み取ったデータに付すような対応、あるいは入力者のIDを電磁的記録に記録するような対応に限らず、作業を行う者のシフト表とその管理者の決裁印など紙ベースの書面でもよいことになります（趣旨説明4-30）。

　では、「入力を行った者」とは、どういう作業を行う者のことなのでしょうか。一問一答スキャナ-問36では、単にスキャニングを行う者のことをいうのではなく、スキャナで読み取った画像と書面（紙）の記載事項や色調と同等であることなどを確認した者をいうこととなるとしています。

　スキャナ操作をした者、最終的な画像の確認をした者など、入力に従事した者が複数となる場合がありますが、保存要件として規定されている「入力を行う者」については、単にスキャニングした際に正しく読み取れたか確認した者ではなく、スキャナで読み取った画像が当該国税関係書類と同等であることを確認する入力作業をした者であるとされています（通達4-29）。経費精算などで領収書等を受領した本人がスマートフォン等で書類の撮影をして、読み取った画像が元の書類と同等であると本人が確認することを義務付けていれば、撮影者が「入力を行う者」となるわけです。したがって、この時点で、書類の破棄が可能です。し

かし、書類はいったん会社に提出させ、社内の別の従業員が画像と書類の同等性を確かめるような業務の流れにしているならば、その業務を行った従業員が「入力を行う者」となります。このように「入力を行う者」が決まれば、「その者を直接監督する者」も必然的に定まってくることになります。

　「その者を直接監督する者」とは、当該入力作業を直接に監督する責任のある者をいいます。そのため、企業内での最終決裁権者ではあっても、経理部長等、当該入力作業を直接に監督する責任のない管理職はこれに当たらないとされています（通達4-29）。実際に入力の現場に関わった管理職ということで、実際に経理部長自らが入力作業者を管理しているのであれば、それを否定するものではありません。

　スキャナ保存の場合には、スキャニングの作業を外注することがありますが、入力作業を外部の者に委託した場合には、委託先における入力を行う者又はその者を直接監督する者の情報を確認することができる必要があります。

Point
まとめ

大量な証憑類をスキャナで読み込む場合は、担当者が明確なので、書面等での管理ということも多くなります。しかし、経費精算のように証憑類を受領した者が多数いて、その者が入力をする場合には、システム的に入力者の管理ができている必要があることになります。

12 帳簿との関連性の確保

　スキャニングした書類の電磁的記録の記録事項とその国税関係書類に関連する国税関係帳簿の記録事項との間においては、相互にその関連性を確認することができるようにしておくことが求められます（規則2⑥四）。その国税関係帳簿が、電子帳簿保存法の承認を受けて電磁的記録又はCOM（電子計算機出力マイクロフィルム）になっているものである場合には、それら電磁的記録やCOMの記録事項とスキャニングした書類の電磁的記録の記録事項の間において、相互にその関連性を確認することができるようにします。

　ここでの「関連性を確認することができる」とは、例えば、相互に関連する書類及び帳簿の双方に伝票番号、取引案件番号、工事番号等を付し、その番号を指定することで、書類又は国税関係帳簿の記録事項がいずれも確認できるようにする方法等によって、原則として全ての国税関係書類に係る電磁的記録の記録事項と国税関係帳簿の記録事項との関連性を確認することができることをいいます（通達4-31）。

　こうした場合において、関連性を確保するための番号等が帳簿に記載されていない場合であっても、他の書類を確認すること等によって帳簿に記載すべき当該番号等が確認でき、かつ、関連する書類が確認できる場合には帳簿との関連性が確認できるものとして取り扱われます（通達4-31）。たとえば、工事番号が記載されている請求書控えに対して関連性を確保すべき売上帳や総勘定元帳の売上高の摘要欄には工事番号が記載されていないという場合でも、「×月完成工事一覧表」といった書類の中を通して、帳簿⇔完成工事一覧表⇔請求書控えの電磁的記録の記録事項の確認ができれば、関連性が確認できるものとして扱うことができます。

両者の関連性をどのように確保するか

スキャナ保存の
電子書類管理システム

関連性の
Keyとなるデータ

経理の会計ソフト

　スキャナ保存をする書類の中には、結果的に取引に至らなかった見積書など、帳簿との関連性がない書類も存在します。このような書類についても、帳簿と関連性を持たない書類であるということを確認することができる必要があります（通達4-31注書き）。この場合、見積書に受注か失注か書き込んだうえで、スキャニングしたり、×月見積書発行簿のようなものを作成して、その中で受注日を記入することで、受注日の記載のないものが帳簿と関連性を持たない書類であることが確認できることになります。

　スキャナ保存を行いたい企業がシステムを選定するにあたって、留意したいのが相互関連性の確保の要件です。会計システムがスキャナ保存での入力機能を有しているような場合、たとえば、領収書をスキャナで読み込むと、日付や金額、発行者名をOCRでテキスト認識して仕訳案を作ってくれるような場合には、画像データと仕訳データは完全に連動するわけで、総勘定元帳や仕訳帳の画面から画像データを呼び出すといったことができるかもしれません。

　しかし、スキャナ保存システムから会計データが出力されて、会計システムで読み込むような場合、このデータに何らかの相互関連性のキーとなるデータが含まれている必要があります。スキャナ保存システムで画像を呼び出すための管理番号などが摘要文の中の1項目として出力されるようになっていればよいわけです。ただし、伝票入力をした後で、その伝票番号をスキャナ保存システム側で管理番号として入力するといった手作業を要するようなシステムだったりすると、使い勝手が悪く

なります。あるいは、伝票入力の際に、画像データの管理番号を摘要文の中に手入力するような場合も使い勝手が悪いと言えるでしょう。

　タイムスタンプや解像度などの要件は、電子帳簿保存法対応とうたうシステムなら問題なく充足していますが、帳簿との相互関連性には、各種のバリエーションがあります。この点だけは、経理パーソンの視点で導入前に検討をしておきたい項目だと言えます。

Point
まとめ

この相互関連性の要件は、各社の製品のマニュアル等を見ていても、曖昧になっている印象を受けます。「電子帳簿保存法の要件を満たすには、管理番号を関連する帳簿にも入力する必要があります。」などと書かれていても、「手入力するんですか?」と疑問を持ったり、保存要件を満たすために具体的にはどういう操作をすればよいかの記載がなかったりするものも散見します。

13　可視性の確保

　国税関係書類に係る電磁的記録の保存をする場所にその電磁的記録の閲覧等ができるように電子計算機、プログラム、14インチ以上のカラーディスプレイ及びカラープリンタ並びにこれらの操作説明書を備付けて閲覧、出力できるようにしておきます。そこでの出力の条件としては、下記のような条件が掲げられています（規則2⑥五）。

　イ　整然とした形式であること。

　ロ　当該国税関係書類と同程度に明瞭であること。

　ハ　拡大又は縮小して出力することが可能であること。

　ニ　国税庁長官が定めるところにより日本産業規格Ｚ八三〇五に規定する四ポイントの大きさの文字を認識することができること。

　イの「整然とした形式」とは、ダンプリストのように保存ファイルの一定の範囲のデータをベタ出力したようなものではダメで、日付、取引先などの見出しもついて金額などが明瞭に判別できることを定めているます。また、書類のイメージ部分については、元の書類と同程度に明瞭であるということは、文字が滲んだり、影が入るような状況では困るということになります。そして、出力装置の使用として、拡大や縮小ができる必要があり、4ポイントの大きさの文字を認識することができる必要があります。ＪＩＳ規格Ｘ6933のテストチャートを入手するとわかりますが、4ポイントというのは、次のような大きさになります。

「これが4ポイントです。」

　ディスプレイやプリンタ等について、性能や事業の規模に応じた設置台数等の要件は、ありません（一問一答スキャナ-問12）。しかし、税務調査官が来ている間、経理の人がまったくデータに触れられないのでは、税務調査官からの質問への回答の準備もできません。したがって、日常業務に使っているのとは別のパソコン、ディスプレイを用意する必要があり、プリンタは、LAN等でパソコンから接続していれば、社内に1台でも支障はありません。来訪する税務調査官の人数分だけパソコンを用意することが義務付けられているわけではありません。スキャナ保存だけでなく、帳簿の電子保存、書類の電子保存もしているような会社では、人数分だけパソコンを用意しておくことが無難だといえるでしょう。

Point
まとめ

こうした税務調査用のパソコンは、日常のスキャナの読み取り作業やその後の照合や経理業務での利用に使われるパソコンでである必要はありません。普段は、故障等に備えた予備機などを使うのがよいと思われます。ただし、閲覧用にシステムはインストールされている必要があるので、使用ライセンス数に留意しておく必要があります。

14　検索可能性の確保

　スキャナ保存をした電子データは、保存・閲覧システムで次のような検索機能を確保されていなければなりません（規則2⑥六、2⑥）。

　イ　取引年月日その他の日付、取引金額及び取引先（ロ及びハにおいて「記録項目」という。）を検索の条件として設定することができること。

　ロ　日付または金額に係る記録項目については、その範囲を指定して条件を設定することができること。

　ハ　二以上の任意の記録項目を組み合わせて条件を設定することができること。

　ここでの取引年月日その他の日付、取引金額及び取引先」には、例えば、次のような記録項目がこれに該当するとされています（通達4-34）。

　(1)　領収書　領収年月日、領収金額及び取引先名称

　(2)　請求書　請求年月日、請求金額及び取引先名称

　(3)　納品書　納品年月日及び取引先名称

　(4)　注文書　注文年月日、注文金額及び取引先名称

　(5)　見積書　見積年月日、見積金額及び取引先名称

　ロの範囲を指定して検索条件を設定できたり、ハの2つ以上の任意の記録項目を組み合わせて検索条件が設定できなければいけないということは、「3月1日から3月31日までの領収日の領収書で金額が5万円以上のものを抽出する」といった検索ができなければならないことを意味します。なお、すでに4で解説していますが、ロとハの機能は、電磁的記録の提示又は提出の要求に応じる場合には、求められません。とはいえ、大量の書類をスキャニングして管理している場合には会社の人自身が使いたい機能であり、内部統制として必然的に求められる機能ではあると思われます。

　なお、税務職員による質問検査権に基づくデータのダウンロードの求

めに応じることができるようにしている場合には、この範囲を指定して
条件を設定できる機能及び項目を組み合わせて条件を設定できる機能の
確保は不要となります。ダウンロードの求めとは、電磁的記録の提示と
提出のどちらを求められても大丈夫ということですが、スキャナ保存の
場合、画像データを提供することになり、データ量はかなり大きくなる
と思われます。提出までは求められないと思われるものの、そもそも大
量データの保存ですので、会社としての経理事務を進めるうえでも充実
した検索機能を備えておくことがよいのでしょう。

Point
まとめ

スキャナ保存で大量でない場合、たとえば、納品書や請
求書のやり取りを電子取引に移行したが、たまにしか取引
がない数社分の書類はスキャナで読み取ったうえで、電子
取引の管理システムに投入しているというような場合、電
子取引側のシステムでスキャナ保存の要件も充足している
ことを確かめておく必要があります。

15　一般書類の適時入力方式と過去分重要書類

(1)　一般書類の適時入力方式

　一般書類とは、**3**で掲げたように注文書や検収書のように資金や物の
流れに直結・連動するわけではないため、重要度が高いとはされていな
い書類です。これについては、次の3つの要件が求められないとされて
います（規則2⑦）。

　①　入力のタイミング

　②　当該国税関係書類の大きさに関する情報

　③　カラーでの読み取り

この中で実務的に影響が大きいのが、早期入力方式や業務処理サイク

ル方式のような入力のタイミングが求められないという部分です。半年分まとめてスキャニングしても、1年分まとめてスキャニングしてもよいということになります。また、前年、前々年の一般書類でもokということになります。

　しかし、いつ入力してもよいから……と書類を大量に積み上げたうえで、一気にスキャナ保存をするという必然性はないように思われます。注文書があるから、納品をして、請求をして売上計上へと業務が流れるわけで、重要書類と同様に業務処理サイクルに合わせて電子データにしていく方がよいのではないでしょうか。

　こうした観点で考えるとき、私は1つの活用法が適時入力にはあると考えています。多くの企業のIT推進担当者は、「わが社で業務処理サイクル2か月の経過後速やかに読み取りができるのだろうか」といった不安を抱えていると想像されます。それであれば、注文書や納品書など適時入力方式が認められている重要度の低い書類をスキャナ保存の最初の対象書類として選定しつつも、社内のルールとしては、業務処理サイクルに沿って読み取りをするというルールでスキャナ保存を実施するのです。万一、社内の業務に障害があって、たとえば支店から本社のスキャナ読み取りの担当部署までの書類の回付が遅れがちだといった理由で社内ルール通りのタイミングで読み取りができないとしても、適時入力の書類なので、税務上の問題は生じません。あくまで、社内のルール違反であり、その状況を見ながら、障害の原因を分析し、これを改善していくことができます。こうして社内にスキャナ保存に関する意識付けができたところで、早期入力方式や業務処理サイクル入力方式が求められている重要度の高い書類のスキャナ保存を始めるわけです。

来期から納品書のスキャナ保存を始めます。2か月以内にスキャナ部署に必着でお願いします。(万一遅れても大丈夫なんだけど…)

　書面をスキャナで読み取り、電子化したうえで原本を廃棄するという業務への転換は、社内で多くの反発を招くかもしれません。何となく不安、今までと流れが変わること自体が不快といったものが多いと思われますが、それでも実際にやってみて、便利さを味わってもらわなければ物事は進みません。そのための第一歩として、適時入力を利用するという手順を経るという手があります。

⑵　過年度分重要書類

　令和元年度税制改正により、スキャナ保存の承認を受けている保存義務者は、その承認を受けて保存を開始する日前に作成又は受領した重要書類（過去分重要書類）について、所轄税務署長等に適用届出書を提出したときは、一定の要件の下、スキャナ保存をすることができることとなっています（規則2⑨）。令和元年9月30日以後に提出される適用届出書に係る過年度分重要書類について適用できます。そのため、契約書、領収書といった重要書類についてスキャナ保存することで、過去の書類を廃棄することができるようになりました。

　しかし、本章2でスキャナ保存のメリットを解説しましたが、保存スペースの節減は確かにメリットですが、過年度の書類を見ることはほとんどありません。そうなると電子化することでの検索性や経理処理との連携などと関わることはありません。また、書類なので、5～7年の保存年限を経過すれば、廃棄されるものです。さらに、スキャナ保存することを予定していない書類には、ホチキス留めがしてあったり、A3な

どの大きな書類が折りたたまれて綴られていたり、スキャニングする際に取扱いに困ることも予想されます。また、タクシーの領収書などは、時間の経過とともに印字が薄れてしまっていて、スキャナで読み取った際にも不鮮明な画像しか作れないかもしれません。

　私は、過年度分重要書類についての電子保存は、あまり積極的に行う必要はないと考えています。もし、行うのであれば、月末や月初に集中しがちな現在進行形の書類をスキャニングする担当者の手が空く月中などの閑散時に、手待ちを避けるための材料としてスキャンをお願いするといった程度の感覚で扱えばよいのではないでしょうか。

Point
まとめ

本章2では、スキャナ保存のメリットは4つあると書きました。これらをフルに享受する観点からは適時入力も過年度重要書類のスキャナ保存も保存コストの削減以上のメリットはないように思われます。

16　3つの規程の整理

　スキャナ保存では、全体として3種類の規程・書類の整備が求められています。これらの内容を整理しておきたいと思います。

規程・書類名	必要な場合	内容
①　電磁的記録の保存に関する事務手続を明らかにした書類（**8**にひな型）	必ず必要	入出力処理（記録事項の訂正又は削除及び追加をするための入出力処理を含む。）の手順、日程及び担当部署並びに電磁的記録の保存等の手順及び担当部署などを明らかにした書類
②　各事務の処理に関する規程（本節にひな型）	業務サイクル対応方式	作業責任者、処理基準及び判断基準等を含めた業務サイクルにおけるワークフローなどの企業の方針を定めたもの
③　事務の手続を明らかにした書類（**8**にひな型）	適時入力方式	①の書類において、規則7項が求める当該事務の責任者を定めたもの

　このうち①と③の書類は、「事務手続」、「事務の手続」と微妙に表現が異なりますが、①の書類の中に、当該事務の責任者まで定めれば③の書類にもなります。ここでは、一問一答スキャナ-問54で紹介されている業務処理サイクル方式で必要な②各事務の処理に関する規程のひな型を掲げておきます[※5]。

※5　https://www.nta.go.jp/law/joho-zeikaishaku/sonota/jirei/0021006-031.htm

○ 各事務の処理に関する規定のひな型

スキャナによる電子化保存規程

第1章　総則

（目的）

第1条　この規程は、○○における紙による国税関係書類について、××社製
●●システム（以下「本システム」という。）を活用して、スキャナによる
電子化を安全かつ合理的に図るための事項を定め、適正に利用・保存するこ
とを目的とする。

（定義）

第2条　この規程において、次の各号に掲げる用語の意義は、当該各号に定め
るところによる。

一　電子化文書　紙文書を電子化した文書をいう。

二　管理責任者　本システムを円滑に運用するための責任者をいう。

三　真実性を確保するための機能　電子化文書の故意又は過失による虚偽入
力、書換え、消去及び混同を未然に防止し、かつ、改ざん等の事実の有無
が検証できる機能をいう。

四　機密性を確保するための機能　電子化文書へのアクセスを制限するこ
と、アクセス履歴を記録すること等により、アクセスを許されない者から
の電子化文書へのアクセスを防止し、電子化文書の盗難、漏えい、盗み見
等を未然に防止する形態で保存・管理される機能をいう。

五　見読性を確保するための機能　電子化文書の内容を必要に応じ電子計算
機その他の機器を用いて検索し、画面又は書面に直ちに出力できるよう措
置される機能をいう。

（運用体制）

第3条　○○における本システムの運用に当たっては、管理責任者及び作業担
当者を置くものとし、事務分掌細則によりこれを定める。

2　管理責任者は、電子化文書を作成する作業担当者を管理し、電子化文書が

法令等の定めに則って効率よく作成されることに責任を持つ。

3　管理責任者は、電子化文書の作成を外部委託する場合、外部委託業者が電子化文書作成に必要な法令等の知識と技能を持つことを確認し、これを条件に業務を委託することができる。

（利用者の責務）

第4条　本システムの利用者は以下の責務を負う。

　一　自身のＩＤやパスワードを管理し、これを他人に利用させない。

　二　本システムの情報の参照や入力（以下「アクセス」という。）に際して、ＩＤやパスワードによって、本システムに利用者自身を認識させる。

　三　与えられたアクセス権限を越えた操作を行わない。

　四　参照した情報を目的外に利用しない。

　五　顧客及び関係者のプライバシーを侵害しない。

第2章　対象書類及び入力の時期

（対象書類）

第5条　○○におけるスキャナにより電子化する書類は、次の各号に定めるところによる。

　一　請求書

　二　納品書

　三　見積書（控）

　四　注文書

2　前項第3号及び第4号に定める書類は、これらを併せて、以下「一般書類」という。

（入力の時期）

第6条　第5条各号に定める書類については、書類を取得後、次の時期に入力する。

　一　請求書　速やか（おおむね7営業日以内）に入力

　二　納品書　毎月末までに受領したものを、翌々月7日までに入力

　三　見積書（控）　1月から6月までに発行したものは8月末までに、7月

から12月までに発行したものは翌年2月末までに入力

　四　注文書　1月から6月までに受領したものは8月末までに、7月から12月までに受領したものは翌年2月末までに入力

第3章　機能要件

（管理機能等）

第7条　本システムによる電子化文書の作成及び管理機能は、次に定めるところによる。

　一　データフォーマット　電子化文書のデータフォーマットは、BMP、TIFF、PDF又はJPEGとする。

　二　階調性の確保　画像の階調性を損なうような画像補正は行わない。

　三　画像品質の確保　電子化文書の画像は、第10条で定めるところにより確認できること。

　四　両面スキャン　電子化文書の作成に当たっては、原則として、両面をスキャンする。

　　　ただし、裏面に記載のないものなどについては、この限りではない。

2　真実性を確保するための機能は、次に定めるところによる。

　一　タイムスタンプ　●●株式会社のタイムスタンプサービスを利用し、電子化文書には第6条各号に定める時期までにタイムスタンプを付与し、当該電子化文書の作成時期の証明及び改ざん等の事実の有無を検証できるようにする。

　　　なお、課税期間中の任意の期間を指定して当該期間内に付与したタイムスタンプについて、一括して検証できるようにする。

　二　解像度等の情報の保存　電子化文書作成時の解像度、階調及び元の紙文書の大きさに関する情報を保存する。

　　　ただし、一般書類については、紙文書の大きさに関する情報を保存する必要はない。

　三　ヴァージョン管理　記録した電子化文書のヴァージョン管理を行うに当たり、当初に記録した電子化文書を第1版とし、その後に訂正又は削除が行われても第1版の内容を保持する。

3　機密性を確保するための機能は、次に定めるところによる。

　一　アクセス管理　情報の利用範囲、更新履歴、機密度等に応じた管理区分を設定するとともに、情報にアクセスしようとする者を識別し認証できること。

　二　不正アクセスの排除　不正なアクセスを排除できること。

　三　利用ログ管理　本システムの管理責任者は、ログの情報等を利用して不正なアクセスの防止をすることとする。

4　見読性を確保するための機能は、次に定めるところによる。

　一　検索機能　記録されている電子化文書に検索のために必要な情報（検索項目）を付加し、かつ、その検索項目を活用して該当する電子化文書を抽出できること。

　二　検索項目設定機能　検索項目に、ⅰ）取引日付、ⅱ）取引金額、ⅲ）取引先名称が設定でき、日付又は金額の項目は範囲指定を可能とし、任意の2項目以上の検索項目を組み合わせて検索できること。

　三　帳簿との関連性を確保する機能　電子化文書には、管理用通番として伝票番号を付し、帳簿に記載される内容と関連付けを行う。

　四　整然とした形式で速やかに紙出力する機能　記録されている電子化文書及びログ等の管理情報をデータフォーマットの種類にかかわらずディスプレイやプリンタに整然とした形式で国税関係書類と同程度の明瞭さを確保しつつ速やかに出力することができること。

　五　4ポイント文字が認識できる機能　本システムはJIS X 6933又はISO12653-3テストチャートの4ポイント文字が認識でき、電子化文書を拡大縮小表示できること。

第4章　機器の管理と運用

（機器の管理）

第8条　本システムの機器の管理及び運用に関する基準を遵守する。

2　電子化文書の情報が十分に保護されるように記録媒体の二重化、バックアップの採取等を行う。また、品質劣化が予想される記録媒体については定期的に記録媒体の移し替え等を行う。

3　外部ネットワーク接続により、不正アクセスによる被害やウイルスによる被害が発生しないように対策を施す。

（入力装置の設定）

第9条　入力装置の設定は、次に定めるところによる。

　ただし、一般書類に係る階調はグレースケールとしてもこれを認める。

　一　解像度　200ｄｐｉ以上とする。

　二　階調　電子化文書は赤、緑、青の各色256階調（24ビット/ピクセル）
　　とする。

（出力装置の設定）

第10条　出力装置の設定は、次の各号に定めるところによる。

　ただし、一般書類については、第2号及び第3号の階調及び印刷装置をグ
　レースケール以上の能力を持つ表示装置及びプリントできる印刷装置として
　もこれを認める。

　一　表示装置のサイズ　14インチ以上の表示装置とする。

　二　表示装置の階調　赤、緑、青の各色256階調（24ビット/ピクセル）以
　　上の能力を持つ表示装置とする。

　三　印刷装置の解像度及び階調　印刷装置はカラープリントできるものとする。

第5章　スキャニングの手順等

（書類の受領）

第11条　取引先から請求書を受領した営業責任者は、納品書及び検収報告書
　　との照合を行い内容に誤りがないことを確認した後に、請求書を経理責任
　　者に引き継ぐ。

2　取引先から納品書を受領した営業責任者は、注文書（控）及び納品された
　　現物を確認した後に、納品書を経理責任者に引き継ぐ。

3　見積書を作成した営業責任者は、その控えを経理責任者に引き継ぐ。

4　取引先から注文書を受領した営業責任者は、出荷指示書を作成し、商品を
　　出荷した後に、注文書及び出荷指示書を経理責任者へ引き継ぐ。

（仕訳伝票等の整理）

第12条　経理責任者は、回付された請求書に基づき決済手続、仕訳伝票の整
　　理、買掛帳の整理等を行った後に、作業担当者が請求書をスキャナ用ボッ

クスに保管する。

2　作業担当者は、回付された納品書、見積書、注文書及び出荷指示書をそれぞれごとに分類し、スキャナ用ボックスに保管する。

（スキャニングの準備）

第13条　作業担当者は、次の期日までにホチキス留めをはずし、折りたたみを広げスキャニングの準備を行う。

一　請求書　請求書受領後、5日以内

二　納品書　毎月末

三　見積書（控え）　1月から6月までに発行したものは7月末、7月から12月までに発行したものは翌年1月末

四　注文書　1月から6月までに受領したものは7月末、7月から12月までに受領したものは翌年1月末

2　作業担当者は、スキャニングする書類について、前項各号ごとに枚数及び対象年月を確認し、これを入力区分票に記載する。

（スキャニング処理）

第14条　作業担当者は、本システムを活用し、スキャニング処理を実施する。なお、帳票ごとに1ファイルにするとともに、裏面のスキャナ漏れがないよう留意する。

2　作業担当者は、スキャン枚数及びスキャン画像を目視にて確認する。

3　作業担当者は、正確にスキャニングされていることを確認した後に、画像（電子化文書）及びＣＳＶ（検索項目）をサーバに転送し、管理責任者にこれを引き継ぐ。

4　管理責任者は電子化文書の確認を速やかに行う。

5　管理責任者は、第7条第2項第1号に定めるタイムスタンプを付与し、本システムに登録する。

（電子化文書の保存）

第15条　本システムにより電子化されたデータは、国税に関する法律の規定により保存しなければならないとされている期間まで保存する。

第6章 原本の廃棄等

（原本の廃棄）

第16条 作業担当者は、スキャニング処理を了した原本について、管理責任者のチェックが完了するまでの間、一時保管する。

2 この管理責任者のチェックが完了した原本については、作業担当者が文書管理規程に基づき、これを廃棄し、その旨を管理責任者に連絡する。

3 管理責任者は、廃棄結果を記録する。

（電子化文書の消去）

第17条 作業担当者は、保存期間が満了した電子化文書の一覧を作成し、管理責任者に連絡する。

2 管理責任者は、保存期間が満了した電子化文書の一覧を基に、該当するデータの消去を行い、消去結果を記録する。

附則

（施行）

第18条 この規程は、令和○年○月○日から施行する。

17 重加算税の加算について教えてください

　スキャナ保存が行われている場合の電磁的記録に関して、期限後申告書または修正申告書の提出、更正、決定などを受けた場合、それが重加算税の規定に該当する場合には、この規定により計算した税額の10％の加算が行われることになっています（法8⑤）。

　電磁的記録による保存が行われている場合には、紙によってその書類等を保存する場合と比して、複製・改ざん行為が容易であり、また、その痕跡が残りにくいという特性があります。これに鑑みて、このような複製・改ざん行為を未然に抑止する観点から、重加算税の加重の措置が講じられたものです※6。

　当該電磁的記録に記録された事項に係る事実に基づく税額の計算は、電子帳簿保存法施行令に基づいて行われることとされています。複製・改ざん行為をしないよう従業員に対するに周知することは当然として、そもそもそうした行為ができない、もしくはしても発見できる内部統制の整備・運用が重要です。早期入力方式は、おおむね7営業日以内の入力をすればよいのが電子帳簿保存法での要件です。しかし、会社として、3営業日以内に入力する旨をルール化することも会社の自由ですし、撮影し、内容確認した後の領収書を廃棄せずに経理へ提出させるような運用をするのも会社の自由です。従来も「旅費精算は出張等から帰って3日以内には行いなさい」といったルールを持っていた会社もあると思います。また、経費精算システムによっては、旅費仮払いを受けたうえでの出張者には経費精算システムから経費精算を督促するアラートの通知メールが行くといった仕様が備えられているものもあるでしょう。その場合に、出張から帰った翌日には通知メールが発信されるようにシステムの設定をするというのも会社の内部統制です。

　こうした読み取りを行うまでの書面への不正行為だけでなく、読み取り後の電磁的記録の直接的改ざんや削除、取引相手に架空の請求書等を

作成させ、その請求書等について受領者側でスキャナ保存を行うといった取引もこの措置の対象となっています（通達8-21）。

Point
まとめ

内部統制を適切に整備・運用するのは企業の責任で行うことであり、税法が保存要件として定めるのは公正な税務行政の執行に必要な部分だけです。保存要件を満たしていることだけが目標にならないように留意したいものです。

18　大量書類のスキャナ保存と業務システムの連携

　書面を前提に業務をしていた際には、納品物と納品書が到着した際、注文した品目・数量どおりの納品であるかどうかは、発注書や発注控えの画面と納品書を突合していたはずです。また、納品されたものについて請求が来たかどうかを請求明細書と検収データを突合してチェックしていたはずです。

　スキャナ保存で納品書や請求明細書を電子化したならば、この突合作業をコンピュータに自動で行わせたいと思うはずです。しかし、スキャナ保存で電子化することであらゆる業務処理が可能になるかといえば、これだけでは十分でない場合があります。

　購買管理システムなどの業務システムでは、データベースにより処理を行うため、システムが求めるすべてのデータを用意する必要があります。しかし、スキャナ保存をして、OCRを行う書類、たとえば、納品書上に記載されているのが、当社ではなく仕入先の会社側が使用している商品コード、商品名であった場合には、当社の購買管理システムの商品マスタのコードに該当するデータは納品書上に存在しないということになります。そうなると、OCRにより作成されたデータをそのまま購買管理システムに読み込むということは不可能です。これまでは、人の

目で照合をしていましたから、担当者の経験で自社の購買管理システム上で表示される商品マスタに基づく注文明細と仕入先の商品コードが印字された納品書について、脳内で変換しながら照合していたわけです。しかし、コンピュータにはそうした経験に基づく応用は期待できません。

　このような場合、スキャナ読み込み、OCRで作成されたデータの商品コードや商品名から自社の商品コードを割り当てるといった処理プロセスを置くことで購買管理システムに読み込めるデータにするといったことが考えられます。また、スキャナ保存システムから出力されたデータに商品コードを追加したうえで、これを購買管理システムに読み込めるようなデータ配列に並べ替えるといった作業も必要です。このためのプログラムを作成する、あるいはRPAで処理をするといった工夫が必要でしょう。

　こうしたひと手間を掛けることで、購買管理システムの中で、注文データと納品データの照合、納品データと請求明細書データの照合から支払いへと進めること、あるいは検収データと請求明細書データの照合といったことができるようになります。

　このように考えるとスキャナ保存システムとは、電子化と保存のシステムという側面に加えて、本格的な業務処理をするための電子データ取得のための入り口という側面もあることがわかります。購買管理システムに読み込めるようなデータを作成して、購買管理システムに読み込ませるということは、在庫管理や原価計算とも連携してくることになります。このようにスキャナ保存を行うということは、業務処理プロセスの中のひとつの過程であり、システム全体の中での位置づけを考えていく姿勢が大事だといえます。

Point
まとめ

国税スキャナ保存の制度が保存の仕組みのフレームワークになっているのは、税務調査に耐えられるように観点だからです。しかし、業務効率を向上しよう、DXをしようという観点では、融通が利かないコンピュータへの配慮といった側面も必要になります。しかし、それが実現できた際には大きな生産性向上が実現します。

19 社内の機器を活用して スキャナ保存システムは作れませんか

　月間500枚、1,000枚という枚数、あるいはこれを超える枚数の書類についてスキャナ保存を導入しようという場合には、スキャナ装置、保存装置、閲覧システムが一体になったスキャナ保存機器一式で購入するのが一般的だと思われます。この場合、数百万円程度の予算が必要になりますが、機器を導入するベンダーがタイムスタンプの会社との契約なども含め、一式をセットアップしてくれるのでパソコンの買い替えや複合機の購入と同じような感覚で導入できるかもしれません。

　また、経費精算などは、スマホで撮影した領収書等の画像をOCRにより日付や金額をテキスト化して、経費精算画面に流し込んでくれることも含めてのシステムなので、相応のシステムが裏で動いているクラウドサービスを利用するのが普通であり、これを自社で何とかしようという企業ニーズは少ないものと思われます。

　問題は、月間数枚から数十枚の書類を電子保存したい場合です。たとえば、契約書は基本的に電子契約になっているので電子化されているが、駐車場の契約など書面での契約が残っており、電子契約分と一体で電子管理したいのでスキャナ保存したいといった場合が該当しそうです。また、仕入取引に当たり、基本は電子取引になっているが、仕入先

の規模や取引頻度の関係で電子取引に移行できていないという仕入先からの納品書や請求書をスキャナ保存したいといった場合です。

　社内にスキャナ装置の付いた複合機がある。複合機にはOCR機能も付いているし、解像度200dpi以上で256階調以上でのカラーでの読み取りもできる。何とかならないだろうかという話です。

　あらためて、4での保存の一覧表を見てみましょう。問題となりそうなのは、おそらく次の項目です。

> ・タイムスタンプの付与
> ・ヴァージョン管理（訂正・削除の履歴）
> ・検索機能の確保

　タイムスタンプは、総務大臣により認定された時刻認証業務の事業者と契約すればよく、この契約の中で、タイムスタンプを電子データに付与するためのプログラム・アプリなども入手できるはずです。初期費用の後は、月間6,000円程度で付与できるようになるはずです。

　ヴァージョン管理については、訂正や削除を行った場合、削除をして再度入力したデータだけでなく、削除されたデータも削除分として表示できるようにできることが必要です。したがって、削除されたように見えても削除分としてのフラッグが付くだけで、データとしては消滅していないという仕組みを市販の機器は有しています。これと同じシステムを作り込むのは大変なので、訂正や削除はせず、スキャンデータの管理簿の上で、訂正・削除相当のデータであることを明示するといった管理でよいとするかどうか？というところでしょうか。訂正削除ができないという意味では、CD-RやDVD-Rを保存媒体にするという手はあると思います。

　検索性の確保については、一問一答スキャナ-問47に「電子取引の取引情報に係る電磁的記録の保存で認められているような索引簿方式によ

る検索機能の確保については、スキャナ保存についても適用は可能でしょうか。また、適用が可能な場合には、電子取引のものと兼ねた一覧表や保存システムによることも可能でしょうか。」というQが設定されており、これを活用できそうに思います。

　回答によれば、一覧表を作成して、個々の保存ファイル名と対応させること（いわゆる索引簿方式）により検索機能を確保する方法は、スキャナ保存にも適用して差し支えないとしています。また、スキャナ保存と電子取引に係る取引情報に係る電磁的記録の保存について、同じ索引簿や保存システムを使用することも、検索により探し出された記録事項のみが整然とした形式及び明瞭な状態で出力されるのであれば、特段問題ないとされています。

　ただし、スキャナ保存を行う場合には、スキャンしたデータのヴァージョン管理などの他の要件を満たす必要があることにご留意すべきとされており、全体としてスキャナ保存の保存要件を満たしているかについての慎重な検討が必要だということになります。

　このように検討してみると、自前のスキャナ保存システムの構築はそれなりに大変です。このところ、電子取引の取引情報に係る電磁的記録の保存義務化に伴って、さまざまな電子ファイル管理システムが登場してきています。その中には、電子取引で取得したデータ、スキャナ保存により取り込んだデータを区別することなく、管理していけるものが多いと思われます。ついでに言えば、書類の電子保存における書類の電子データも管理できるわけです。したがって、電子ファイル管理システムの導入を検討するというのが、好ましい方向性であると思われます。

Point
まとめ

市販のスキャナ保存システムは高いので、自前でスキャナ保存システムを作りたいというのは、研修会の終了時などに受講者から何回か質問を受けた項目です。しかし、電子取引の保存義務のおかげで解決策が見えてきたように思います。

20 電子取引の取引情報に係る電磁的記録を出力した書面をスキャナ保存できますか

　これは、令和4年6月に一問一答スキャナ-問64として追加されたQです。その答えは、認められませんとされています。ある意味では当然といえば当然で、電磁的記録をいったん書面に出力して、再度スキャナ保存で電磁的記録に戻すのは意味がありません。一問一答では、次のように解説しています。

　令和3年度の税制改正においては、真実性確保のための要件（改ざん防止措置）が特段課されていない出力した書面等は、他者から受領した電子データとの同一性が必ずしも十分に確保できているとは言えないことから、出力書面等による保存措置が廃止されたところです。したがって、他者から受領した電子データを書面等に出力して保存することは、電子帳簿保存法や他の税法に基づくものではありませんので、当然、その出力書面等は電子帳簿保存法に基づくスキャナ保存の対象となりません。ただし、電子帳簿保存法に従った電子データの保存が適切に行われている前提で、それとは別に各納税者が社内経理の便宜などのために書面等への出力を行うことや、スキャナで読み取るなどの処理を行うこと自体を禁止するものではありません。

　19で解説しましたが、電子ファイル管理システムで電子取引の取引情報に係る電磁的記録とスキャナ保存により入力した電磁的記録の双方を統合して管理できるようになってきています。こうしたシステムの情報とそれぞれの仕様を検討してみると解決策が見えてくるのではないでしょうか。

Point
まとめ

電子取引の取引情報に係る電磁的記録の保存義務に伴って各種の保存システムが発表されてきているため、こうしたシステムの情報を積極的に収集してみることをお勧めします。

DXを完結させる
電子帳簿・電子書類

1　帳簿・書類の電子保存のメリットについて教えてください

　自社で作成した帳簿や書類を電子保存できると、どのような効果が見込めるかは、電子保存の検討をスタートする上での重要な論点です。少なくともテレワークをする上では、帳簿や書類が電子化されていることは、必須の条件だと言えますが、テレワークをするために各種の追加コストがかかりながらのテレワークでは、生産性が上がったとは言えないかもしれません。そこで、電子帳簿・電子書類の効果を3つの観点で捉え、検討してみましょう。

⑴　保存コストを削減する

　総勘定元帳や固定資産台帳のような帳簿、あるいは送り状や納品書など大量の書類を印刷し、その控えを保管しなければならない場合、印刷をすること、科目別や得意先名別などの一定の規則できちんとファイリングして保存できるようにするまでの手数が無駄に感じられ、長期間の保存のための場所の確保にもコストが発生します。帳簿・書類の電子化は、こうした印刷、ファイリングにかかる人件費、紙代、トナー代、保存場所のコストを節減することができます。税務調査でもない限り、印刷、ファイリング、保存された帳簿や書類を決算終了後、活用することはほとんどないといってよいのです。

⑵　法令違反状態を解消する

　帳簿を書面として保存をしてきたこれまでの状況を振り返ってみましょう。青色申告の申請では、総勘定元帳・仕訳帳は最低限作成する帳簿として記載しているはずですが、実際には、固定資産台帳、得意先元帳、手形記入帳、商品受払台帳など多くの帳簿が企業内には存在しているはずです。しかし、実務的には、特定の固定資産の内容を見るにしても、特定の取引先との取引内容を確認するにしても、コンピュータの画

面上で呼び出して、内容を見ているのが実情でしょう。そして、確認作業が終わったら、そのままなのではないでしょうか。法人税法施行規則第54条では、青色申告法人に対して、同規則の別表21に掲げるような帳簿を作成し、同規則第59条により保存すべきことが定められています。

　さすがに総勘定元帳はどんなに分厚くなっても出力したうえで保存していると思いますが、仕訳帳、得意先元帳などはどれだけの企業が出力しているでしょうか。電子帳簿にするということをすでにやってしまっているわけで、これをあらためて認識して、電子帳簿保存法に沿った形で保存をすることで、従来の法令違反状態を治癒することができます。

⑶　テレワークを実現する

　帳簿や書類を電子化することで、テレワークを実現する第一歩を踏み出すことができます。テレワークが実現すれば、経理部門のオフィス面積を削減することもできますし、通勤手当の支給も不要になります。その分、経理部門の人員の自宅の作業スペースの確立・維持のために支出が必要であるため、必ずしもこうしたコストがまるまる削減できるという保証はありません。しかし、仮に削減できず、ほぼ同額の支出が必要だったとしても、無理のないテレワークが実現するならば、従業員の通勤時間が消滅する分、日々2時間前後の時間が生み出されることになります。その時間がワーク・ライフ・バランスの充実に活用されるならば、従業員の仕事において質の向上、迅速化、退職率の低下などが期待できるものと思われます。当然ながら、⑴で述べた保存コストの削減は同様に実現しますので、ここまできて本当の生産性の向上が実現するはずです。

　帳簿や書類の内容を確認するために出社するというのは不効率です。社内のサーバーに自宅やサテライトオフィスからアクセスして、内容確認できれば、わざわざ出社する必要はないわけです。

Point
まとめ

帳簿、書類の電子保存は、電子取引と異なり、会社自体の判断でスタートことができます。また、市販の会計システムの多くは、改正前の電子帳簿保存法への対応が完了していますし、書類の保存要件もそれほど重いものではないため、特に大きな投資等をすることなく手軽にスタートすることができます。

2　電子帳簿の保存要件を解説してください

帳簿書類の電子保存の要件は図表のようになっています。

●図表15　帳簿書類の電子保存の要件

電子保存の要件		電子帳簿		書類
		優良な電子帳簿	一般の電子帳簿	
システム関係書類の備付け (事務処理のマニュアルの備付け。自社開発のシステムではシステム概要書なども)		○	○	○
見読可能性の確保 (パソコン・プログラム・ディスプレイ・プリンタ及び操作マニュアルの備付け)		○	○	○
訂正・削除の履歴の確保 (記録事項の訂正・削除の履歴、追加入力の確認)		○		
相互関連性の確保 (帳簿とその帳簿に関連する帳簿との間での相互関連性の確認)		○		
検索機能の確保	取引年月日、取引先、取引金額での検索	○		
	日付等の範囲指定での検索、2つ以上の記録項目での検索	△＊1		
ダウンロードの求めに応じること (電磁的記録の提示又は提出に応じる)		△＊1	○＊2	△＊3

＊1　ダウンロードの求めに応じる場合、範囲を指定して条件を設定できる機能及び二以上の任意の記録項目を組み合わせて条件を設定できる機能は不要となる。
＊2　優良帳簿の要件をすべて満たしている場合には「ダウンロードの求めに応じること」の要件は不要となる。
＊3　検索機能の確保に相当する要件を満たしている場合には「ダウンロードの求めに応じること」の要件は不要となる。

(一問一答帳簿-問7より筆者作成)

　帳簿の電子保存については、優良な電子帳簿という特別な類型があります。これは、法改正前の承認を受けた電子帳簿と同じ保存要件を満たすことで帳簿の真実性等が確保された質の高い電子帳簿です。事前に届出をしておくことで、税務調査等の結果、帳簿の記載事項に関して修正申告書の提出、更正等があった場合に、過少申告加算税が軽減されることとなっています（法8④）。

　まずは、一般の電子帳簿の保存を実施すればよいと思います。税務調査が入る頻度は高いとは言えない状況です。一般の電子帳簿の保存や書類の電子保存であれば、事務処理規程の作成・備付け、パソコン・プログラム・ディスプレイ・プリンタ及び操作マニュアルの備付けだけで、電子保存をスタートすることができます。

Point
まとめ

法人への税務調査の比率、実調率は、3％ほどとされています。休眠に近い会社も含めてのデータとはいえ、きちんと活動している会社でも10年に1度調査があるかどうか。「調査があった際には〜」というメリットやデメリットを考慮する重要度は低いともいえます。

3　書類の電子保存の保存要件を教えてください

　書類の要件についても2の図表の中で掲げています。書類には、「優良な書類」という概念はありませんから、保存要件は、以下の3つとなります。

・システム関係書類の備付け
・見読可能性を確保する
・電磁的記録の提示または提出に応じる

　システム関係書類といっても、販売管理システムや購買管理システムを使用している場合には、そのシステムの操作説明書を備え付けることと事務処理に関する規程を備え置けばよいことになります。請求書の控えをExcelなどの表計算ソフトで作成してファイルのまま保存している場合には、事務処理に関する規程だけ備え付けます。

　見読可能性は、税務調査の際に見てもらえるようにパソコン等を用意することです。そして、電磁的記録の提示または提出ですが、税務署には販売管理システムなどは備え付けられていないでしょうから、提出の依頼は通常はありません。小規模な会社などで表計算ソフトで作成した請求書控をファイルのまま保存しているような場合には、そのファイルが保管されているフォルダごとUSBメモリやCD-Rにコピーして、税務署に提出してしまってもよいと思います。というのは、請求書の控えなので、売上高や前受金の入金と必ず一致するはずだからです。

　自由に見られるように渡してしまうというのは抵抗があるという方もいらっしゃるかもしれませんが、数十個のファイルということは、仮に電子保存ではなくプリントアウトしてファイリングしていたとしても税務署は帳簿と全件チェックできてしまう量です。そして、請求日付を間違えた、金額を間違えたといったファイルが残っていたりすると、「これに対応する売上高がありませんが」といった質問を受けるかもしれませんが、これも紙でファイリングしていても起こりうる話です。

　ということで、書類の電子保存の保存要件は、きわめて軽いということができ、しかも、零細企業でも容易に実現できるものだといえます。というよりは、事実上、すでに何年も前から電子保存になっていて、税務調査の日程が決まってから慌てて3年分をプリントアウトしてファイリングしていたという会社も多いのではないでしょうか。

　事務処理に関する規程さえ国税庁のひな型を参考に作成しておけば、あらゆる規模の会社で活用できるのが書類の電子保存です。

Point
まとめ

表計算ソフトで作成した請求書控えを見てもらうのであれば、社内のパソコンどれでも閲覧することができます。会計システムの帳簿や販売管理システムの電子書類と違って、非常に障壁の低い電子書類の保存が実現できます。

4　優良な電子帳簿とはなんでしょうか

　優良な電子帳簿とは、税務署長の承認を得る以外の従来の電子帳簿保存の要件を満たす状態での電子帳簿保存です。下記の国税関係帳簿に関する電磁的記録の備付け及び保存が国税の納税義務の適正な履行に資するものとして財務省令で定める要件を満たしている場合に、その帳簿の記載事項に関して、修正申告書の提出、更正等があった場合に、過少申告加算税が軽減されることとされました（法8④）。対象となる国税関係帳簿は、次の特定国税関係帳簿で、過少申告加算税の軽減の措置を受ける旨ほか一定の事項を記載した届出書を提出した帳簿です（規則5①）。

①　仕訳帳及び総勘定元帳その他必要な帳簿（所規58①、法規54）
②　当該課税期間の課税仕入れ等の税額の控除に係る帳簿（消法30⑦）
③　売上げに係る対価の返還等をした金額の明細を記録した帳簿（消法38②）
④　特定課税仕入れに係る対価の返還等を受けた金額の明細を記録した帳簿（消法38の2②）
⑤　保税地域からの引取りに関する事項を記録し、かつ、当該帳簿（消法58）

とはいえ、「①　仕訳帳及び総勘定元帳その他必要な帳簿（所規58①、

法規54）」の「その他必要な帳簿」は、所得税法施行規則、法人税法施行規則により手形記入帳、得意先元帳、仕入先元帳、商品受払台帳など青色申告の承認を受けている事業者が記帳すべき帳簿であり、酒税法に基づく酒類製造者等に課せられる帳簿記帳（酒税法第46条）といった上記以外の特別なものを除き、ほぼすべての帳簿が対象となります。

　一般の電子帳簿と対比して、優良な電子帳簿のメリット・デメリットを対比してみました。

●図表16　２つの電子帳簿の対比表

	一般の電子帳簿	優良な電子帳簿
メリット	電子計算機処理システムの開発関係書類等の備付けと見読可能装置の備付け等をするだけで、電子保存が認められる。	国税関係帳簿に係る電磁的記録に記録された事項に関し、所得税、法人税または消費税に係る修正申告または更正があった場合には、過少申告加算税の基礎となる金額の5％が軽減される。
メリット		所得税の青色申告特別控除65万円の適用ができる（あるいは電子申告でも可）
メリット		多くの会計システムがすでに電子帳簿保存法対応済みで、要件を容易に満たすことができる。
デメリット	質問検査権に基づく電磁的記録のダウンロードの求めがある場合には応じる義務	保存要件が多い

　なお、一問一答帳簿-問39では、「適用を受けようとする税目に係る全ての帳簿を規則第5条第5項の要件に従って保存し、かつ、あらかじめ本措置の規定の適用を受ける旨等を記載した届出書を提出する必要が

あります」と解説されています。商品受払台帳が在庫管理システムから作成される場合、固定資産台帳が固定資産管理システムから作成される場合など、訂正・削除の履歴などが確保されていない場合もあるはずで、すべての帳簿を優良な電子帳簿の要件で作成・保存しようとすることは困難な場合が多いものと思われます。

Point
まとめ

財務省の「令和３年度税制改正の解説」を読むと、事後検証可能性の高い優良な電子帳簿について一般の電子帳簿との差別化をし、普及を進めていく必要性に触れられています（P.971）。改正趣旨と条文（ないし条文解釈）に相違があるのが不思議です。

5 電子保存のための備付け書類の ひな型はありますか

　２及び３で解説したとおり、帳簿の電子保存でも書類の電子保存でもシステム関係書類の保存として、保存に関する事務処理の規程ないしマニュアルを作成する必要があります。これは、会社によって部署名や事務処理の流れに違いがあるはずで、本来ゼロから作成するべきものですが、国税庁からもひな型が公表されています※1。しかし、このひな型は、６項目にすぎず、帳簿と書類、それぞれについて異なるひな型が必要だと思われますので、私が作成したものをそれぞれ掲げておきます。

※1　https://www.nta.go.jp/law/joho-zeikaishaku/sonota/jirei/word/0022006-083_11.docx

(1)　帳簿に関するシステム関係書類

国税関係帳簿に係る電子計算機処理並びに当該国税関係帳簿に係る電磁的記録の備付け及び保存に関する事務手続マニュアル

第1条（入力担当者）

　仕訳の入力は、所定の手続を経て承認された会計伝票と証憑書類に基づき、入力担当者が行う。

2　当月売上、仕入及び給与額を計上する仕訳については、販売管理システム、購買管理システム及び給与計算システムから作成された仕訳データを所定の手続を経て承認されたうえで入力担当者が取り込み処理によって行う。

第2条（仕訳データの入出力処理の手順）

　入力担当者は、次の期日までに仕訳データの入力を行う。

⑴　現金、預金、手形に関するもの　取引日の翌日（営業日）。

⑵　売掛金に関するもの　請求書の発行日の翌日（営業日）。

⑶　仕入、外注費に関するもの　検収日の翌日（営業日）。

⑷　その他の勘定科目に関するもの　取引に関する書類を確認してから1週間以内。

第3条（仕訳データの入力内容の確認）

　入力担当者は、仕訳データを入力した日に入力内容の確認を行い、入力誤りがある場合は、これを速やかに訂正する。

第4条（管理責任者の確認）

　入力担当者は、業務終了時に入力データに関する仕訳日記帳を出力する。管理責任者は仕訳日記帳を回付されたら、これに関わる会計データの確認を仕訳承認画面により速やかに行う。

第5条（管理責任者の確認後の訂正又は削除の処理）

　管理責任者の確認後、仕訳データに誤り等を発見した場合には、入力担当者は、管理責任者の承認を得た上でその訂正又は削除の処理を行う。

第6条（訂正又は削除記録の保存）

　前条の場合は、管理責任者は訂正又は削除の処理が行われたデータについて仕訳承認画面により訂正又は削除を承認した旨の記録を残す。

第7条（備付け担当者）

　備付け担当者は、入力担当者が兼務し、会計システムの年度更新を行った時点で、次の事項を確かめ、経理責任者の承認の上で、実施するものとする。

　(1)　事業年度の変更の有無を確かめ、変更があれば、会計システムの事業年度の変更を行う。

　(2)　新規事業の開始や経営管理の観点の変化により新規の勘定科目を設定し、既存の科目で使用見込みがなくなるものについて、削除（ないしデフォルトでの表示からの削除）を行うものとする。

　(3)　入力担当者、閲覧権限者など会計システムを利用する者について、各人にどのような権限が与えられているかを確かめ、新規の入力担当者、閲覧権限者の設定、削除、権限の範囲（全社分の入力可、特定の支店のみの入力可、特定の支店のみの閲覧可など）の設定見直しを行う。

　(4)　その他、会計管理の観点からの補助科目の設定、科目ごとのデフォルトの消費税コードの設定など、必要な作業を行う。

第8条（電磁的記録の保存等の手順}

　保存担当者は、入力担当者が兼務するものとする。

2　会計データは、会計システムのデータベース内に記録され、会計システムの終了時にバックアップデータが自動で作成されるため、このデータをサーバ機とは別の保存場所を指定して、安全に保存する。

第9条（電磁的記録の保存担当部署）

　会計システム、このシステムが使用するデータベース、バックアップデータの保存場所のシステムについての維持管理担当部署は、管理部とする。

第10条（会計システムの管理）

　電子計算機処理システム全般の維持・バージョンアップ等のメンテナンス、

入れ替え等については管理部が担当する。

2　システムの操作説明書の保管、閲覧装置等の整備・維持についても管理部が担当する。

3　会計システムにバージョンアップが連絡された場合には、前年以前の会計データがバージョンアップ後のシステムで読み込めるか否かを確かめる。バージョンアップ後のシステムで読み込めない過去データが存在する場合には、経理責任者に報告し、経理責任者は、保存年限を通じてデータの利用の確保のための方策を講じるものとする。

第11条（本マニュアルの改廃）

この事務手続マニュアルの改廃は、経理部長の決裁により行い、取締役会に報告するものとする。

⑵　書類に関するシステム関係書類

ここでは、書類を発行して書面で交付しつつ、発行せずに電子取引で交付する相手もいることを前提に、書類の電子保存を電子取引システムの中で行っていることを前提（第6条）にした記述をしています。

国税関係書類に係る電子計算機処理並びに当該国税関係書類に係る
電磁的記録の保存に関する事務手続マニュアル

第1条（作成担当者）

電子保存の対象となる書類の作成のための入力は、所定の手続を経て承認された証憑書類に基づき、入力担当部署が行う。

第2条（取引の入出力処理の手順）

入力担当部署の入力者は、次の期日までに取引データの入力を行う。

⑴　送り状、納品書など納品に関するもの　出荷の翌日（営業日）。

⑵　請求明細書、請求書など請求に関するもの　締め後2日（営業日）。

⑶　注文書、注文請書など受発注に関するもの　受発注日の翌日（営業日）。

⑷　その他の取引に関するもの　取引の内容により入力担当部署の責任者が

定めた期日。

第3条（取引データの入力内容の確認）

　入力担当部署は、取引データを入力した翌日までに入力内容の確認を行い、入力誤りがある場合は、これを速やかに訂正する。

第4条（管理責任者の確認）

　入力担当部署は、入力内容の確認終了時に入力データに基づき取引先に交付する書類を出力する。この出力を行うことにより、電子取引システムの仕様により入力データへの訂正・削除を行った場合の履歴も含めその履歴が残される。

第5条（入力担当部署の確認後の訂正又は削除の処理）

　管理責任者の確認後、取引データに誤り等を発見した場合には、入力担当者は、管理責任者の承認を得た上で誤ったデータの反対入力を行い、その上で正しい取引データを追加入力し、両方合わせて出力を行う。

第6条（電磁的記録の保存等の手順）

　取引データは、電子取引システムのデータベース内に記録され、電子取引システムの終了時にバックアップデータが自動で作成されるため、このデータをサーバ機とは別の保存場所を指定して、安全に保存する。

第7条（電磁的記録の保存担当部署）

　本システム、電子取引システムが使用するデータベース、バックアップデータの保存場所のシステムについての維持管理担当部署は、管理部とする。

第8条（取引システムの管理）

　電子計算機処理システム全般の維持・バージョンアップ等のメンテナンス、入れ替え等については管理部が担当する。

2　システムの操作説明書の保管、閲覧装置等の整備・維持についても管理部が担当する。

第9条（本マニュアルの改廃）

　この事務手続マニュアルの改廃は、経理部長の決裁により行い、取締役会に報告するものとする。

Point
まとめ

帳簿の規程については第７条で繰越しの際の手続に触れたのが私の工夫の１つです。電子計算機処理だけでなく、備付けと保存に関する規程なので、備付けの最初は繰越作業だと思います。

6 帳簿書類では、電磁的記録の提示又は提出をフルに活用するとよいというのはなぜですか

　一般の電子帳簿、電子書類の保存要件は、非常に少ないのが特徴です。システム関係書類の整備と見読可能装置の備付けと電磁的記録の提示または提出だけです。改正前のように検索可能性や訂正・削除の記録などを残す必要はありません。

　帳簿の場合、従来の電子保存では、月次や決算時のチェック等で取引を修正した痕跡が筒抜けになっていました。「これは、１台当たりだと10万円未満だから、器具備品から消耗品費に振替えることにする」とか「これは、金額が大きいものの修繕費で良いはずなので、建物から修繕費に振替えてもよいだろう」といった税務調査の際の論点をすべて帳簿の上に残さざるを得ませんでした。優良な電子帳簿はともかく、一般の電子帳簿であれば、入力した仕訳を上書き修正できるので痕跡を残す必要がありません。それであれば、紙に出力した帳簿を見てもらうのと同じです。

　書類の場合には、なおさらで、請求書等は、基本的に漏れなく作成しているはずです。それをプリントアウトして、ファイリングしている

か、特定のフォルダにファイルをまとめて保存しているかの違いです。それであれば、特に書類の枚数が少ない中小企業では、わざわざプリントアウトするのも手間だと思います。

　手軽に電子帳簿保存法の活用をスタートしてみる、そんなきっかけとして帳簿や書類の電子保存はお勧めです。

Point
まとめ

そうはいっても、電子データはなくなりやすいといった不安もあると思います。当然、バックアップをきちんと確保しましょう。データをクラウド上のサーバに置くとか、ハードディスクのミラーリングなど、規模と用途に応じて、さまざまな手法があります。

7　パソコンで作成した請求書に捺印をして交付している場合、書類の電子保存ではなく、スキャナ保存が必要ですか

　これは、請求書等の国税関係書類について、自己が一貫して電子計算機を使用して作成している場合は、一定の要件のもと、その書類の保存に代えて電磁的記録により保存することができるとされていることから生じた疑問点です。最後に代表印や角印の捺印をしたら、そこは電子計算機を使用して作成していないわけです。しかし、一問一答帳簿-問25では、データを出力した後に加筆等を行って相手方へ郵送しているような場合には、出力したものと電子データとして保存するものの内容が相違することから「自己が一貫して電子計算機を使用して作成している場合」に該当せず、基本的にはこの方法により保存を行うことができませんという原則を述べています。しかし、例えば出力書面に代表者印等を押印したものを郵送しているだけの場合には、代表者印等という情報以外が追加されているものではないため、それ以外に加筆等による情報の

追加等がない限り、自己が一貫して電子計算機を使用して作成している場合に該当するものとして取り扱って差し支えないとされています。

　また、国税関係書類に係る電磁的記録の保存という意味では、原則として、相手方に送付したものと同じ状態の電子データを保存する必要があります。これが原則ですが、そうすると、取引先に送付するため出力した書面と同様の画像データを保存しなければいけないという話になってしまいます。そこで、データベースの内容を定形のフォーマットに自動反映させる形で請求書等を作成・出力している場合には、当該データベースが保存されていれば実際に相手方へ送付した請求書等と同じ状態のものを確実に復元することができることから、税務調査等の際に、税務職員の求めに応じて、実際に相手方へ送付したものと同じ状態を定形のフォーマットに出力するなどの方法によって遅滞なく復元できる場合には、当該データベースの保存をもって請求書等の控えの保存に代えることとして差し支えないとしています。これは、販売管理システムや購買管理システムのデータを保存してあれば、控えの出力ができるわけで、これができればかまわないということになります。当然ながら、定形のフォーマットに自動反映されるデータベースについては、税務調査等の際に、税務職員の求めに応じて、実際に相手方へ送付したものと同じ状態を定形のフォーマットに出力するなどの方法によって遅滞なく復元できる必要があるとされています。

Point
まとめ

一問一答帳簿‐問25は、「書類の電子保存」という制度の具体的なイメージが明確になるQ&Aだと思います。

8 書類の電子保存は、請求書等の発行枚数が少ない零細企業ほど使いやすいというのはなぜですか

　中小企業の場合、月間の請求書の発行枚数が数枚という会社もあります。設計会社、建築会社、ソフトハウス、コンサルタントといった会社で規模が小さければ、まさに数枚の請求書を発行する程度です。そして、そういう規模の場合、請求書は、エクセルで作成して出力していることがほとんどでしょう。この控えの書類を出力して、ファイリングすることにどれだけの意味があるでしょうか。

　こうした会社に税務調査が入ることになった際、社長から顧問税理士に「請求書は、3年分出力しておけばよいですか？」といった質問がくる場合があります。日頃は、電子保存をしていて、税務調査なので書面の請求書（控）が必要だということで、急遽、印刷して、印鑑を押してファイリングをするという手間をかけていることになります。

　という意味では、こうした会社は、日頃から書類の電子保存を実践し、それであれば、税務調査も書類の電子保存で乗り切る方が自然です。**2**でも解説したとおり、書類の電子保存の要件は3つしかありません。

① システム関係書類の備付け

② 見読可能性の確保

③ ダウンロードの求めに応じること

　それであれば事務処理マニュアルを備え、税務調査の際にファイルを見てもらえるノートパソコンを用意し、プリントアウトできるようにして、「何でしたら、エクセルのファイル、3年分まとめてコピーして提出します」と言えればよいことになります。**5**で紹介した事務処理マニュアルは、電子文書の管理システムの中で保存をしているような本格的な事例ですので、ここでは、国税庁がひな型として提供している簡易な事務処理のマニュアルが帳簿用であるため[※2]、書類用に私が修正した例を紹介しておきましょう。専務というのは、社長の奥様というイメージです。

国税関係書類に係る電子計算機処理に関する事務手続を明らかにした書類
（概要）

（作成担当者・管理責任者）

1　書類の作成は、所定の手続を経て承認された証票書類に基づき、作成担当者は専務とし、管理責任者は社長とする。

（書類の作成処理の手順）

2　作成担当者は、次の期日までに書類データの入力を行う。

　(1)　請求書、請求明細書　　　　　　月初3営業日以内

　(2)　納品書　納品物の納品時まで

　(3)　注文書　発注を掛ける時点

　(4)　その他の書類　　　その書類の性質に応じて任意に決定

（書類データの内容の確認）

3　作成担当者は、書類を入力した日に作成内容の確認を行い、作成誤りがある場合は、これを速やかに訂正する。

（管理責任者の確認）

4　作成担当者は、業務終了時に入力データに関するデータをサーバに転送する。管理責任者はこのデータの確認を速やかに行う。

（管理責任者の確認後の訂正又は削除の処理）

5　管理責任者の確認後、作成データに誤り等を発見した場合には、作成担当者は、管理責任者の承認を得た上でその訂正又は削除の処理を行う。

（訂正又は削除記録の保存）

6　5の場合は、管理責任者はエクセルのコメント機能で訂正又は削除の処理内容の概略を記録することで承認した旨の記録とする。

※2　https://www.nta.go.jp/law/joho-zeikaishaku/sonota/jirei/word/0022006-083_11.docx

　第6項のコメントを残す部分は、少し手間にも思えますが、これをすることで、「×月には、A社に100万円と110万円の2件の請求をしているようにみえますが」といった質問を税務署員から受けないで済みます。

Point
まとめ

このように考えると令和３年度税制改正での書類の電子保存の要件の緩和は、中小企業の実務を追認するものであったと考えることができます。

section　Ⅵ

DXへの不安について
向き合ってみよう

1 書面の書類があると安心するのですが駄目ですか

　経理パーソンの常識として、書面は安全、電子データは危険というものがあると思います。この「安全・危険」というのも幅が広く、安定した保存性がある、ないといったのが基本的な部分です。火事にでもならない限り、書面はなくなりません。それに比べて電子データは、deleteボタン1つで消えてしまうわけです。

　また、救出のしやすさといった面での「安全・危険」というのもあります。水害に遭っても書面であれば、丁寧に水分を除去すれば復活させることもできます。また、電子データを一種のバックアップと考えて、書面が駄目になったら再度出力することができるという安心感もあるかもしれません。

　もう一つ、書面は、簡単には改竄ができないが、電子データは容易に訂正や改竄ができるという「安全・危険」の概念もあります。書面の世界では、訂正に当たっては、訂正前の元の記載を見えるように二重線で消して、その上に正しい記載をして、訂正印を押して作業を行った人の氏名を明らかにします。これにより、どのような訂正を誰の手で行ったかを事後的に確認できるという内部統制が確保されることになります。それに比べて電子データは上書きで訂正したら、痕跡が残らないというわけです。

　しかし、本当にそうなのでしょうか。書面での業務処理を基盤として「安全・危険」を考えるから上記のような発想になるとは言えないでしょうか。そもそもこうした「安全・危険」の問題を乗り越えるために、ITの世界では様々な技術や製品が開発されてきたはずです。

　たとえば、電子署名。これは、その人自身が作成したということを第三者が証明してくれる技術です。特にGKPI（政府認証基盤）に基づく電子署名であれば、印鑑証明書を付けて実印で捺印をしたのと同様に本人自身が作成した証明になり、また、本人も「いや、私は作成した記憶

はない」などと自己否認することができなくなります。

　タイムスタンプも同様に電子データがタイムスタンプを付した時点で存在し、その後改ざんされていないことが第三者により証明されます。スキャナ保存や電子取引の保存で、タイムスタンプが活用されているのは、こうした真実性確保における信頼性があるからです。

　実は、書面の契約書などの場合、作成する双方の共謀とそれを許す内部統制の隙間があれば、4月3日に合意したのに3月31日の日付で捺印をして、契約書を完成させるといったことができてしまいます。しかし、タイムスタンプを使えば、「そのデータは3月31日の日付で作成されているがタイムスタンプを付したのは4月3日だ」ということが証明されてしまいます。3月決算の会社で、前期の契約なのか今期の契約なのか、その微妙な時点によって損益が変わるような場合、実は電子データに適切な技術を利用して完成させることで、より真実性の高い証憑を整備することができます。

　「それは細工の余地が減って不便だ」という経営者や管理職がいるかもしれませんが、それは、会社であればその所有者である株主に対して誠実な姿勢であると言えるでしょうか。逆に3月31日の契約日で3月内の日付でタイムスタンプが付されていれば、誰にも疑いようのない強い証拠力を得ることができます。

　電子データの改竄の余地についても、業務処理を行うシステムに訂正・削除の履歴を残す機能があれば、どういうIDにより（すなわち誰により）、いつ、どういう訂正や削除が行われたかが後から判明します。また、ワープロソフトや表計算ソフトで作成した書類などは、PDFにすることで、改竄が困難になります。元のワープロソフトや表計算ソフトのファイルを持っていない限り、改竄するためには多大な労力を要するからです。改竄は不可能ではないが、経済合理性がないということであれば、不正防止ができるわけです。

　さらに電子データが間違って消去されてしまう、バックアップを取り忘れたといったエラーによるデータの消失は、クラウド上でデータ保存

やそうしたデータを別途、企業側でもバックアップして企業内のサーバに置くなどの対処によって、いかなる災害があろうと、データが消失することがない（発生可能性をないと言えるに近い確率に落とした）仕組みを持つことが可能です。

このように書面をベースに安全性を考えるのではなく、電子データを原則とする立ち位置に立ったうえで、安全性を考えると、違った景色が見えてくるのではないでしょうか。

Point
まとめ

長年の経験に裏付けられた安全性についての常識も時代の変化により常識自体をブラッシュアップしなければならない場合もあると思います。その変化が今、皆さんの職場に押し寄せてきているのだと考えてみてはいかがでしょうか。

2　裁判に当たって、証拠力の点で問題になりませんか

従来、経理部門、総務部門の人が、帳簿や書類を書面で保存することにこだわってきた理由の1つは、万一にも訴訟など法的な問題が生じた際に、改ざんなどの余地があるとされる電磁的記録では証拠能力として弱いのではないかという心配があったことです。

電子化された帳簿や書類のデータは、民事訴訟法においては、文書に準じて準文書と呼ばれます。図面、写真、録音テープ、ビデオテープなど、情報を表すために作成された物件で文書でないものの証拠調べは、書証に準じて行われるとされています（民事訴訟法第231条、民事訴訟法施行規則第147条）。コンピュータ用記録媒体は、かつては磁気テープが主流でした。しかし、その後、フロッピーディスク、ハードディスク、MO、CD、DVD、スマートメディア等数多くの記録媒体が普及し

てきており、その容量も爆発的に大きなものとなってきています。また、これに記録される内容も、文書ファイル、画像ファイル、ビデオファイル、プログラムファイル等様々です。こうした情報を記録した磁気ディスク等は、民事訴訟法上の取り扱いが未定であり、解釈論に依らざるをえないとされています。

　ここで証拠調べとは、裁判所が証拠を取り調べることをいい、証拠調べの方法すなわち証拠方法には、証人、鑑定人、当事者（以上、「人証」）、書証及び検証（以上、「物証」）の5種類があります。書証とは、文書の記載内容を証拠資料とする場合の証拠調べのことをいいます[※1]。これに対し、文書の検証とは、裁判官が、直接に文書またはその媒体の形状・性質・状態を観察し、その結果として得られた内容を証拠資料とする証拠調べの手続をいいます。

　コンピュータ・データの特性に即した証拠法上の取扱いとしては、本来は新たに立法する方が望ましいはずですが、平成8年の民事訴訟法改正においても、結局この問題は先送りにされました[※2]。そこで、解釈論により検討することになりますが、コンピュータ用記録媒体の証拠調べ方法として、書証説、検証説が存在し、それぞれへの批判に答える過程で、新書証説、新検証説も提唱されています。書証説は、磁気ディスク等は、内蔵するデータ内容をプリントアウトすることによって、読取可能な状態にあるものであるから、磁気ディスク等そのものが文書に当たり、これを証拠資料とする証拠調べは書証であるとする説です[※3]。検証説は、磁気ディスク等は記録内容をそのままでは見聞することができないから文書ではなく、検証によって証拠調べをすべきであるとする説です[※4]。しかし、書証説では、磁気ディスク自体は、見読可能なものではないため、情報媒体を可能文書、プリントアウトした文書を生成文書と

※1　門口正人編集代表「民事証拠法大系第4巻『各論Ⅱ 書証』（青林書院、平成19年）P.3
※2　小林秀之「新証拠法第2版」（弘文堂、平成15年）P.27
※3　松本博之、宮崎公男編、加藤新太郎稿「講座 新民事訴訟法Ⅱ」（弘文堂、平成11年）P.252
※4　前掲※3　P.252～253

呼び、生成文書を原本として証拠調べをすると考える新書証説、情報媒体自体及び媒体上のデータの証拠調べは検証によるべきであるが、プリントアウトした文書はそれ自体独立した原本（独立原本）として書証による証拠調べをすべきであるとする新検証説へと学説は展開されています[5]。裁判例では、コンピュータ用磁気テープは、通常の文字による文書とはいえないが、その内容は、それがプリントアウトされれば、紙面の上に可視的状態に移し替えられるのであるから、磁気テープ自体が原本として準文書と解した例もあり（大阪高決昭55・3・6高民集32巻1号24頁）、書証説を採っているといわれています。

　そして、実際の裁判の現場での取扱いとしては、電磁的記録をプリントアウトしたものを証拠として提出し、それに対して訴訟の相手方が証拠性に疑義を申し立てない限りは証拠として認められています。もちろん、電磁的記録は容易に改変が可能であり、それらしい形式が整ったものを容易に新規作成することもできるため、会社の内部統制の説明をする文書と共にプリントアウトを提出したり、提出する証拠の前後を構成する相応のボリュームのプリントアウトも含めて提出するといった工夫は行われているように見えます。しかし、そうした工夫の中で、訴訟の相手方（原告が提出した場合の被告、あるいはその逆）が証拠に対して疑義を唱えなければ自動的に証拠となるのが民事訴訟の仕組みであり、訴訟実務上、まったく問題なく電磁的記録は証拠として取り扱われているのが実態です。

---

[5]　前掲[3]　P.253

Point

まとめ

電磁的記録の裁判での証拠能力は、日本公認会計士協会のIT委員会に在籍したときに検討しています。その際、弁護士にも意見を聞きましたが、「普段から当たり前のように電磁的記録の出力書面を裁判所に提出して、問題なく裁判が進んでいるんですよ」という回答でした。学説とは関係なく、裁判実務では電磁的記録の証拠能力に問題は見られていないということになります。

3　公認会計士監査でも書面の契約書や書類がないと証拠として認めてもらえないのではないでしょうか

　訴訟での証拠能力が認められているとしても、そもそも訴訟などは極めて稀な事象であり、それよりも毎年行われている監査法人・公認会計士による監査において問題になるのではないかの方が気になるというのは、上場企業や会計監査人監査を受ける企業やその関連会社の不安点であるとも言われます。

　そんな不安を掻き立てたのが大幅に簡素化された電子帳簿保存法のスキャナ保存制度の改正が施行されようというタイミングで出された日本公認会計士協会審理通達第3号「平成27年度税制改正における国税関係書類に係るスキャナ保存制度見直しに伴う監査人の留意事項」（平成27年9月30日）という文書の公表です。この審理通達では、当初の書面を原本として保存する必要性について触れている部分があり、監査上は、国税のスキャナ保存の要件より厳しいものが求められているということなのではないかという疑念を持った企業もあるという話を聞いています。しかしながら、監査を実施するうえで、監査人（公認会計士または監査法人）が当然に行うべき留意点について確認したに過ぎないと考

えられるのであり、以下、この解説をしておきましょう[6]。

⑴　**監査における監査証拠**

　監査人は、監査手続を立案し実施する場合には、監査証拠として利用する情報の適合性と信頼性を検討しなければならない（監査基準委員会報告500「監査証拠」第6項、以下「監基報500」という。）とされています。無計画に監査証拠を集めるのではなく、また、入手する監査証拠の適合性と信頼性を検討して、そのうえで、十分かつ適切な監査証拠により心証を形成し、合理的な保証（監査意見）を提供することになります。監基報500 A31項では、監査証拠として利用する情報の信頼性ひいては監査証拠自体の証明力は、情報源及び情報の種類、並びに関連する場合には情報の作成と管理に関する内部統制を含む情報を入手する状況によって影響されると言われています。そして、この項では、例外はあるものの、監査証拠の証明力についての一般的な知見の例示がされており、その中の2つを掲げてみます。

> ・企業内部で作成される監査証拠の証明力は、情報の作成と管理に関する内部統制等、関連する内部統制が有効な場合には、より強くなる。
> ・原本によって提供された監査証拠は、コピーやファックス、フィルム化、デジタル化その他の方法で電子媒体に変換された文書によって提供された監査証拠よりも、証明力が強い。原本以外の文書の信頼性は、その作成と管理に関する内部統制に依存することがある。

　一般的には、企業内部で作成された文書よりも企業から独立した情報

※6　佐久間裕幸「スキャナ保存制度見直しに伴う監査人の留意事項について～日本公認会計士協会の審理通達のポイントを探る～」「月刊ＩＭ」（公益社団法人日本文書情報マネジメント協会）P.14 ～ 16を参考としながら、改正内容を織り込んで再構成している。

源、たとえば取引先から入手した文書の方が証拠力は強いとされます。しかし、取引先から入手した注文伝票であっても、発行者の欄に取引先担当者の認印が押されただけの注文伝票であれば、必ずしも証拠力が強いとは言いかねる場合もあります。それに対して、企業内部で作成される文書であっても、受注をするにあたっての決裁のための稟議書類が根拠資料となる場合、稟議を受け付ける総務部門で受け付け順に連番管理をしている稟議書であれば、書面の注文書よりも証拠力が強いという場合もあるでしょう。これは、多くの部署が閲覧しており、連番管理をしていることで、後日にバックデートで作り上げられた文書でないことがわかるためであり、内部統制が機能していることで証拠力が強くなる例だと言えます。

　また、契約書本紙よりもそのコピーの信頼性は低いと言うのが一般的な理解です。たとえば、コピーをする前段階において内容の一部に改ざんをしていて、それがコピーをしたことで発見できないようになっている可能性があるからです。しかし、その契約書が大量に受領される種類のもので（必然的に1枚ごとに改ざん等をしても影響力が低いので改ざんの動機がない）、かつ、受け取った営業担当者が営業部門内で決裁を受けた後、営業部門の管理担当者によりコピーされて、本社へ送られてきたものであれば、証拠力として書面の原本と大きく変わることはないかもしれません。こうしたことを考えて、証拠力を評価して、そのうえで、監査証拠として利用することが監査基準として求められています。

　スキャナ保存の場合、改ざん防止の観点からタイムスタンプが付されていることもあり、そのタイムスタンプの時点以降、イメージデータに改ざんされていないことがわかります。また、誰がスキャニングを行ったかの記録も残され、受領からスキャニングに至る事務処理の規程が存在しています。このような場合には、書面の書類よりもイメージデータの方が改ざんの可能性が低くなり、証拠力がむしろ強まるという可能性もあります。しかし、監基報500では、そこまで触れていませんし、この監基報500は、国際監査基準に基づいて作成されていますので、国際

的にも原本とコピーやファックスといった一般論の範疇での議論が基準化されていることになります。監基報500は、もともとの作成時点が古く、最新のITを利用した真実性の確保に関する技術への記載がないのが残念なところです。

⑵　審理通達の意義

　このように監基報500を読んだだけでは、スキャナ保存制度に対して監査人がどのように対処するのかは不明確です。そのため、日本公認会計士協会では、平成17年9月にＩＴ委員会研究報告第30号「e-文書法への対応と監査上の留意点」を公表し、その中で、イメージ文書に関する監査手続として、下記の3つの項目を提示しています。

⑴　スキャナ保存手続の理解
⑵　スキャナ保存に関わる統制活動の理解・検証
⑶　スキャン文書に関る実証手続

　スキャナ保存の場合、所轄の税務署等へ事前の承認申請をすることになっているものの、この承認はみなし承認であり、スキャナ保存の要件が遵守されているかどうかは国税当局による税務調査を経なければ不明です。そのため、それよりも先に監査人による財務諸表監査がスキャン文書を監査証拠として利用する可能性があるからには、監査人は、その証拠力を評価しなければなりません。また、仮に税務調査において税務上の要件は満たしていることが確かめられているとしても、監査人は自ら情報の証拠力を評価したうえで、監査証拠としなければなりません。すなわち、スキャナ保存に関しては、今般の税制改正の前から、監査上は、内部統制を検証しない限り、監査証拠として利用してはいけなかったことになります。

　この審理通達は、監査上必要と判断される金額以上の契約書など、重要な監査証拠となり得る書類の原本を、監査に必要な期間、保存することの必要性に関して、被監査会社と事前に協議することについて言及しています。この要請は、3万円の金額基準が廃止されたことに起因して

いると考えられます。契約書には、100億円のM＆Aの契約書もあれば、20億円の不動産売買契約書もあります。こうした種類の契約は、経営トップ層が主体になって意思決定を行い、実行されるものであり、内部統制が機能しない場合があります。したがって、改ざん等がされた後にスキャニングされるリスクを想定しなければなりません。また、こうした種類の契約では、金額が大きく利害関係者への影響も大きいため、通常は原本を破棄するということは考えられません。それにも拘わらず、「スキャナ保存制度を利用しているので不動産売買契約書も原本は破棄してあります。」ということがあれば、それ自体が不正会計の可能性を示唆していると言えなくもありません。したがって、スキャナ保存制度を利用しているような場合、どのような書類をスキャナ保存の対象としているのかについて、事前に協議する必要があります。この事前協議の段階で、スキャナ保存制度が本来意図している定型的に処理される大量文書の保存のために利用されていることが確かめられれば、あとはスキャナ保存に関する内部統制の整備・運用状況を確かめたうえで、監査を実施するということになります。こうしたことを考えると、審理通達で言及した取り扱いは、国税が求める要件とかい離するものではなく、私は次のように整理できると考えています。

●図表17　スキャナ保存の対象と取扱い

	内部統制の下で画一的・大量に処理される文書	臨時・巨額な取引その他、内部統制が機能しにくい取引での文書
国税での対応	保存要件を満たせばスキャナ保存をすることができる	保存要件を満たしていない場合、あるいは反面調査で改ざん等が判明すれば、重加算税の10％加重。
監査上の対応	適正な内部統制が整備・運用されていれば、イメージデータを監査証拠として利用することができる	適正な内部統制が整備・運用されていない可能性があれば、監査終了まで原本の保存を要請

　審理通達の趣旨をこのように考えるならば、審理通達の要請内容は特に難しいことを求めているわけではなく、内部統制のらち外での不正防止に配慮するだけのものに過ぎないということが理解できるのです。したがって、会社として不正や誤謬を防止発見できるような内部統制を意識した帳簿書類データの保存、電子取引の取引データの保存を心掛けているのであれば、監査上も問題は生じないと言えるのです。

　日本公認会計士協会からは、2021年9月29日にも「令和3年度税制改正による電子帳簿等保存制度の見直しを受けた監査上の対応について（お知らせ）」が公表されていますが、上述の趣旨に変わるところはありません。したがって、税務上の保存要件に加えて、企業規模に応じた必要な内部統制を整備したうえで、電子保存を行っている限り、それを監査上、問題にされるということはありません。

Point
まとめ

本文で触れたIT委員会研究報告第30号は、平成28年12月26日付けでIT委員会研究報告第50号「スキャナ保存制度への対応と監査上の留意点」としてバージョンアップされていますが、抜本的な変更はありません。

4　新たなシステムを導入するための情報収集の時間や設備投資のお金がないのですが、どうしたらよいですか

　section Ⅰの4で説明したように日本は、深刻な少子高齢化を招いており、毎年、引退する人の数より新たに社会人になる若者の数の方が少ないという状態が続いていきます。その中で、同じ業務処理量をこなしていこうと思ったら、生産性を向上させるしかないという認識は政府自体が持っています。それゆえのDX（デジタルトランスフォーメーション）の推進です。このため、この数年IT導入補助金をはじめとする助

成金の施策が動いています。

(1) IT導入補助金

　IT導入補助金は、中小企業・小規模事業者等が今後複数年にわたり相次いで直面する制度変更（働き方改革、被用者保険の適用拡大、賃上げ、インボイスの導入等）等に対応するため、中小企業・小規模事業者等が生産性の向上に資するITツール（ソフトウェア、サービス等）を導入するための事業費等の経費の一部を補助等することにより、中小企業・小規模事業者等の生産性向上を図ることを目的としています。令和3年度補正予算にてデジタル化基盤導入枠（デジタル化基盤導入類型・複数社連携IT導入類型）も追加されました。

　通常枠、セキュリティ対策推進枠、デジタル化基盤導入枠は、それぞれ次のような概要となっています。

通常枠

類型	A類型	B類型
補助額	30万〜150万円未満	150万〜450万円以下
補助率	1/2以内	
プロセス数※	1以上	4以上
ITツール要件（目的）	類型ごとのプロセス要件を満たすものであり、労働生産性の向上に資するITツールであること。	
賃上げ目標	加点	必須
補助対象	ソフトウェア費・クラウド利用料（最大1年分補助）・導入関連費等	

※　「プロセス」とは、業務工程や業務種別のことです。

セキュリティ対策推進枠

補助額	5万～100万円
補助率	1/2以内
機能要件	独立行政法人情報処理推進機構が公表する「サイバーセキュリティお助け隊サービスリスト」に掲載されているいずれかのサービス
補助対象	サービス利用料（最大2年分）

デジタル化基盤導入枠

類型	デジタル化基盤導入類型	複数社連携IT導入類型
補助額	ITツール	
	5万円～350万円	
	内、5万円～50万円以下部分	内、50万円超～350万円部分
機能要件※	会計・受発注・決済・ECのうち1機能以上	会計・受発注・決済・ECのうち2機能以上
補助率	3/4以内	2/3以内
対象ソフトウェア	会計ソフト、受発注ソフト、決済ソフト、ECソフト	
賃上げ目標	なし	
補助対象	ソフトウェア購入費・クラウド利用費（最大2年分補助）・導入関連費等	

※　該当する機能の詳細はITツール登録要領を見る必要がある

　このIT導入補助金については、申請の補助・支援をする事業者も出てきており、こうした外部からの支援も利用しながら申請してみるのもよいと思われます。

(2) システム選択への支援

　自分の会社にとってどのようなシステムを導入すべきなのかは、日頃の仕事に追われながら、IT に関する情報を収集して、検討しなければいけないため、難しい面があります。そのため、令和4年2月28日に終了してしまいましたが、第II期中小企業デジタル化応援隊事業といった支援事業もありました。現在でも中小機構のホームページでは、下記のような支援事業が紹介されています。

① IT経営簡易診断

　IT経営簡易診断は、専門家との3回の面談を通して経営課題・業務課題を全体最適の視点から整理・見える化し、IT活用可能性を無料でご提案するものです。生産性向上のきっかけとして活用されることが意図されています。

　対象者は、経営上の課題、業務上の課題を整理したい、ITの活用可能性を検討したい、生産性向上を目指したい中小企業者で、特に、以下の業務に課題がある中小企業者とされています。

・顧客対応、営業支援業務（フロント業務）

・総務、会計、人事、労務、在庫、物流等の間接業務（バックオフィス業務）

② IT戦略ナビ

　IT活用により営業力・生産性向上を目指したい経営者の方に、まずは「IT戦略マップ」を作成して課題を見える化するツールです。IT戦略マップとは、「どのようにITを活用したら、ビジネスが成功するか？」を示した"仮説ストーリー"を1枚の絵にまとめたものです。また、同時にITの導入プランを作成することもできます。

　たとえば、社内のコミュニケーションの効率化などを課題としてIT戦略マップを作っていくと、社内SNS・ビジネスチャットツールの導入を推奨する絵が登場し、Chatwork、Slackなど6種類の製品が該当アプリとして提示されました。

Point
まとめ

助成金は、募集の時期が限られていること、また、設備
投資の前に応募して、採択されてから設備投資をするよう
になり、計画性が必要な点で、使いづらいともいえます。
しかし、近年、税務申告での特別償却や税額控除の要件
でも事前の計画性が求められるものが出てきており、中小
企業も年次計画といった概念が求められるということかも
しれません。

5　どんなシステムを入れたら、社内の書類を無くすことができるのかがわかりません

　4で紹介したIT戦略ナビといったサービスの利用でもどのようなシ
ステムがあるのかを知ることができますが、そのほかにも同業者や大手
企業の従業員などに聞いてみることで、「そんなに便利なツールがある
んだ」という話が出てくるかもしれません。また、ITに関する経理、
総務、生産性向上といったテーマでの展示会も開催されており、こうし
たイベントに顔を出してみるのもよいのではないでしょうか。

　もう1つ電子帳簿保存法に対応したシステムを探すという意味では、
国税庁から電子帳簿保存法対応のシステムの認証業務を受託している
JIIMA（公益社団法人日本文書情報マネジメント協会）で行われた認証
ソフトからシステムを選択するという方法もあります。

　JIIMAでは、電帳法スキャナ保存ソフト法的要件認証を皮切りに、電
子帳簿ソフト法的要件認証、電子書類ソフト法的要件認証、電子取引ソ
フト法的要件認証を行っています。この認証を通過しているシステム
は、電子帳簿保存法の要件を満たしたシステムなので、利用者が保存要
件を満たした利用をすることで、電子帳簿保存法を満たした電子保存が
できるようになっています。

　様々な探索の中で候補に挙がったシステムのうち、JIIMA認証を受けているものを導入すると安心感があります。なお、JIIMA認証は、JIIMAに認証手数料を払ったうえで審査を受けた結果として認証されますので、認証を受ける必要はないと考える企業の製品は認証製品の一覧には載りません。また、認証審査は、マニュアル、取扱説明書などで公開されている機能をベースに、公正な第三者機関でチェックし、必要な機能をすべて備えていることを確認したうえ、認証審査委員会で審議し、認証を行います。そのため認証の申請から審議終了まで数か月を要するため、JIIMA認証の一覧に掲載されていないシステムの中にも数か月後には一覧に掲載されるものもあります。

Point
まとめ

やはり待っていても情報は集まりません。まずはある程度の情報を集め、続いて自社の状況に照らして、「こういう機能はあるのか」といった検討ポイントを持ったうえで、絞り込んでいくプロセスが必要になります。

6　DX推進をする上での留意点について教えてください（その1）

　現在では、納品書や請求書を発行するにあたり、手書きで請求明細などを書き込んでいるという事業者は、中小企業でも減ってきていると言えます。販売管理や購買管理のシステムがあれば、仕訳データも作成する機能を備えているものもあります。同様に給与計算システムできれいな給与明細を作り、従業員に交付する会社も増えてきています。

　さらに会計システム側でインターネットバンキングやクレジットカードの利用明細を取り込むといった機能を備えているものが出てきています。しかも、データを取り込む段階で、AIを利用して、自動で仕訳案を作成するという機能が備わってくると、伝票を起こすという作業はほと

んどなく、会計システムが提示してきた仕訳案をチェックして、必要な部分だけ訂正することで、仕訳入力が完成することになります。また、この訂正も、一度訂正すれば、システムが学習して、2度目に同じ取引が出てくれば、正しい勘定科目を選択してくれるようになっています。

　こうした中で、現金で支払った経費と旅費の精算が経費・旅費精算書の作成、仕訳伝票の作成という形で手作業での経理作業が残っていたともいえます。「この部分も電子化できるよ」というメッセージが平成28年度税制改正でのスマホ撮影保存の導入であったといえましょう。これにより中小企業の経理水準の向上が期待されているということになります。

　とはいえ、こうした経理の自動化を実現できている中小企業は、そう多くはないと思われます。個人事業を行っていても白色申告で申告をしている人、青色申告ではあるが、帳簿までつけることができず（あるいは帳簿を付けるメリットが感じられず）、10万円の青色申告特別控除の利用に留まっている人もいます。また、帳簿を付けている人でも、従業員がいなければ給与計算ソフトは必要ありませんし、請求書の発行システムと会計ソフトが連携できるようになっているとは限りません。インターネットバンキングから取引が取り込めれば、少なくとも帳簿の預金残と通帳の残高が一致するわけですが、ネットバンキング自体を行っていない事業者も多いことと思われます。

　中小法人と帳簿を付けている個人事業者のデジタル化への道のりを想定すると次のようになるのではないでしょうか。

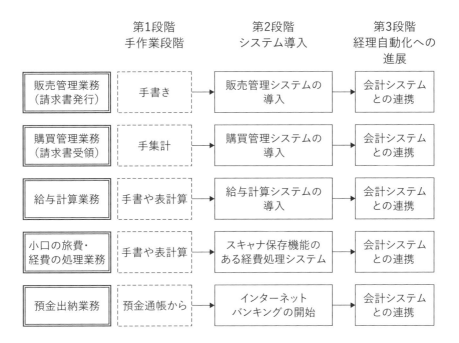

	第1段階 手作業段階	第2段階 システム導入	第3段階 経理自動化への 進展
販売管理業務 （請求書発行）	手書き	販売管理システムの 導入	会計システム との連携
購買管理業務 （請求書受領）	手集計	購買管理システムの 導入	会計システム との連携
給与計算業務	手書や表計算	給与計算システムの 導入	会計システム との連携
小口の旅費・ 経費の処理業務	手書や表計算	スキャナ保存機能の ある経費処理システム	会計システム との連携
預金出納業務	預金通帳から	インターネット バンキングの開始	会計システム との連携

　このように経理の水準を高めていくプロセスにおいて、スキャナ保存というのは、領収書など書面で取得した証憑を電子化して、原本を廃棄して、電磁的記録を原本として処理を進めることができ、変化を実感できる業務プロセスであると言えます。

　世間では、DXの流れの中で、上記の表の第3段階の姿を目指すべき状態として描きがちですが、DXは一気に進むものではありません。まずは、インターネットバンキングを導入する、納税に当たってダイレクト納付をしてみるといった、小さなIT化からスタートして、書面のない経理業務というものに徐々に慣れていくことが必要です。

Point
まとめ

　最近、銀行の窓口の利用の利便性が落ちてきていることを考えると、電子化の第一歩はインターネットバンキングとペイジー・ダイレクト納付なのではないかと考えます。

7　DX推進をする上での留意点について教えてください（その2）

　DXを推進する上では、どのようなシステムを導入するかも重要ですが、それ以上に会社の中の業務がどのように流れているかを全社的な視点で把握することが大切です。たとえば、営業部で出荷指図書、出荷指図書（控）、納品書、納品書（控）、検収書、検収書（控）の6部を出力しているという事例を想定してみましょう。

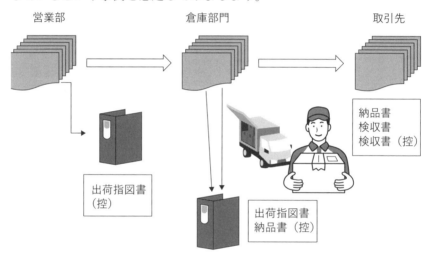

　この場合に営業部で出荷指図書（控）の出力を取りやめて、書類の電子保存をした場合には、営業部での書類のファイルが1つ消えることになります。営業部としては、これで特に不満はないのでしょうけれど、営業部で発行した5種類の書類のうち、出荷指図書と納品書（控）は倉庫部門で保存し続けられることになります。

　この場合、より好ましいのは、営業部から倉庫部門への出荷指示は、電子的に行い、倉庫部門で、納品書、検収書、検収書（控）の3つを出力して、商品とともに取引先に送るという業務の流れに変更することです。この結果、営業部だけでなく倉庫部門も書類の電子保存によりペーパレスになります。

　なお、後日、取引先から検収書が返送されてくるはずですが、これについては書面で保存するのか、スキャナ保存を実施して、電子化するのかを別途検討することになります。このように、業務の合理化、効率化においては、書類の電子保存だけでなく、スキャナ保存も一緒に考える必要がありますし、将来的には取引先との取引情報のやり取りを電子取引に移行するということもあるでしょう。電子帳簿保存法を使い倒すという姿勢が大事です。

　このように電子化を特定の部署の人に任せるのでは部分最適化になってしまう可能性があります。抜本的な業務改革を行っていくためには、書類が複数の部署をどのように動いているのか全社的な観点で把握をして、その流れの中で、どの部署にどのような負荷を発生させているのかを把握する必要があります。こうした仕事を仕方をするためには、本来は、チーフ・インフォメーション・オフィサー（CIO）ないしその役割を意識した人物を置く必要があるのだと思います。CIOというのは、最高経営責任者CEOや最高財務責任者CFOと同様な表現ですが、わが国ではなかなか意識されていないように思います。CIOを置くことは難しくても、少なくともトップダウンで全社的な観点から電子化を検討していくことが望ましいと考えます。

　得てして、中堅企業クラスまでは、CIOを置いていないため、システム化というと、ITベンダーの営業担当者からの提案を受けた部署からの稟議書の出来次第で、システム化投資の意思決定が決まってしまうことが見受けられます。ITベンダーの営業担当者は、コンサルタントではありませんから、営業先の会社を全社的観点で俯瞰したうえで、必要なシステムを提案しているという保証はありません。提案しやすいもの、売りやすいものを紹介していることもあるはずです。

Point
まとめ

システム投資は、社長案件であるというくらいの認識でいてもよいのではないでしょうか。

8　まとめに代えて

　本書では、企業として電子化を進めるべき環境変化について触れ、続いてこれからの1年間で検討を進めるべき項目としてのインボイス制度に触れ、そして、電子インボイスを裏で支える電子取引からスキャナ保存、電子帳簿・電子書類という電子帳簿保存法について解説しました。

　社内にあふれる書面の帳簿や書類のうち、何から手を付けようかと迷われるかもしれません。まずは、社内のいろいろな部署を観察して、どのような書類があり、どのように社内を動いているのか、社外とどのようにやり取りされているのかを把握してみることが第一歩です。コンピュータ処理に変更して、最も大きな効果が出るのは、件数の多い処理や、多数の人で書面を回付する必要がある処理です。システム投資も相応に必要ですが、生産性向上も見込むことができるはずです。

　取引先との兼ね合いで、すぐに電子取引にすることができなければ、スキャナ保存から始めてもよいし、DX関連の補助金制度も動いているこのタイミングを生かして、取引先にも電子取引の提案をしてもよいでしょう。

　電子化にあたっては、日々の業務に直結する書類についての変更なので、業務フローを事前に把握して、どこを変え、どこを変えないといったことを十分に検討し、変更する部分は関連部署への調整が不可欠です。電子化に消極的な管理職を説得するなど苦労はあるかもしれませんが、結果として多くの従業員から感謝される素晴らしい仕事ができると思います。電子化への担当者は、トップから注目されるチャンスだと思って、頑張っていただきたいと思います。また、こうした企業に関与される税理士・公認会計士の先生方もこうした責務を担った担当者を側面から援護していただければと思う次第です。本書が、電子化の意思決定を行うトップ層、任命された担当者、そして、外部から助言を行う諸先生方のお役に立ってくれれば幸いです。

◆著者プロフィール

佐久間　裕幸（さくま・ひろゆき）

　1984年慶應義塾大学商学部卒業、1986年慶應義塾大学大学院商学研究科修士課程修了、商学修士。同年公認会計士第二次試験合格、監査法人中央会計事務所（中央監査法人）に入所し、株式公開準備企業の監査等に従事。1990年公認会計士、税理士登録。

　監査法人退職後、佐久間税務会計事務所を開設し、父の税理士事務所も引き継ぎ、所長に。中小・中堅企業の会計・税務の業務のほか、成長企業の株式公開準備支援などを実施。2019年まで日本公認会計士協会IT委員会電子化対応専門委員会専門委員長。

●主な著書

　『電子帳簿の実務Q&A』『平成28年度改正対応　こうなる！ 国税スキャナ・スマホ撮影保存』『国税庁Q&A対応　実践　税務書類のスマホ・スキャナ保存』『国税庁Q&A対応　中小企業の電子帳簿サポートブック　令和4年施行版』（ぎょうせい）、『顧問税理士も知っておきたい相続手続・書類収集の実務マニュアル』（中央経済社）などがある。

Q&A
中小企業の電子取引サポートブック［インボイス対応版］

令和4年12月21日　第1刷発行

著　者　**佐久間　裕幸**

発　行　**株式会社ぎょうせい**

〒136-8575　東京都江東区新木場1-18-11
URL：https://gyosei.jp

フリーコール　0120-953-431

ぎょうせい　お問い合わせ　検索　https://gyosei.jp/inquiry/

〈検印省略〉

印刷　ぎょうせいデジタル㈱　　　　　　　©2022　Printed in Japan
※乱丁・落丁本はお取り替えいたします。

ISBN978-4-324-11230-4
(5108845-00-000)
［略号：電子取引サポート］